KB273795

처음 만나는 하이데거

삶의 길을 묻는 21개의 개념들

처음 만나는 하이데거
삶의 길을 묻는 21개의 개념들

초판 1쇄 발행 2026년 3월 25일
—

지은이 하이데거포럼
펴낸이 이병은

책임편집 정조연   **책임디자인** 박혜옥
기획 김명희·박준성   **마케팅** 최성수·배근호
—

펴낸곳 세창출판사
　　　　신고번호 제1990-000013호   **주소** 03736 서울특별시 서대문구 경기대로 58 경기빌딩 602호
　　　　전화 02-723-8660   **팩스** 02-720-4579   **이메일** edit@sechangpub.co.kr
　　　　홈페이지 http://www.sechangpub.co.kr   **블로그** blog.naver.com/scpc1992
　　　　페이스북 fb.me/Sechangofficial   **인스타그램** @sechang_official
—

ISBN 979-11-6684-485-0 93160

처음 만나는 하이데거

삶의 길을 묻는 21개의 개념들

하이데거포럼 지음

세창출판사

들어가는 말

사람들은 다양한 이유로 하이데거 철학에 관심을 갖습니다. 어떤 이에게는 현대 서양 철학의 거장이라는 수식어만으로도 충분할 수 있으며, 어떤 이에게는 죽음이나 불안과 같은 그의 실존적 언급들이 마음을 두드렸을 것입니다. 혹은 문학이나 예술, 경우에 따라서는 의료나 건축 분야에서 하이데거의 이름을 듣는 경우도 있지요. 물론 철학의 다른 분야를 공부하다가 자연스럽게 하이데거를 향한 경우도 많을 것입니다. 100권이 넘는 책을 남긴 철학자이다 보니, 사람들은 다양한 계기로 하이데거에 관심을 갖게 됩니다. 그런데 한 가지 문제가 있습니다. 하이데거에 관심을 갖게 된 이상 그가 조금 어려운 '존재 문제'를 다루겠거니 하는 각오는 했겠지만, 자꾸 반복되는 그의 난해한 표현들이 진입장벽으로 다가온다는 거죠. 하이데거는 일상어를 아무렇지 않게 철학의 핵심 개념으로 사용하기도 하고 이미 다른 뜻으로 통용되는 단어들에 자신의 색을 덧칠하기도 합니다. 심지어는 사전에도 없는 용어를 만들기도 하니 초심자가 겪을 혼란은 뻔하지요. 이는 단순히 번역상의 문제가 아니기에 애꿎은 역자를 원망할 수도 없습니다.

오랫동안 하이데거를 연구한 연구자들에게는 사실 거의 문제가 되지 않습니다. 그의 표현들에 이미 익숙해졌기 때문이지요. 하지만 초심자들이 겪을 어려움을 모를 리 없습니다. 하이데거에 대한 많은 이의 관심, 그리고 그만큼 양산되는 많은 오해와 혼란을 우리 연구자들이 외면하고 있는 것 같아 그간 마음이 편치 않았습니다. 하지만 무얼 얼마나, 그리고 어떻게 쉽게 소개하는 것이 좋을지 정하는 일 역시 쉽지 않습니다. 개념의 정확한 의미를 담다 보면 어쩔 수 없이 글이 길어질 테고, 그렇다고 그 길이를 억지로 줄이다 보면 행간의 의미를 독자에게 떠넘겨야 하기 때문이지요. 어떻게든 글을 쓴다고 하더라도 같은 개념이 여러 맥락에서 여러 의미를 갖는 경우가 있어 한 사람이 이것이 바로 그 뜻이라고 말하는 것은 맞지 않다는 의견도 있었습니다. 몇 차례 논의가 이어졌고 우리는 다음과 같은 열린 규칙을 정하기로 했습니다.

1. 배경지식이 없는 독자를 염두에 둘 것.
2. 일상적인 경험이나 상식 정도의 지식을 단초로 할 것.
3. 문단을 자주 나누고 소제목을 붙여 독자가 생각을 정리할 기회를 줄 것.
4. 정확한 설명을 제공하려 하지 말고, 독자가 스스로 찾아가도록 자극할 것.
5. 개념의 선택과 설명에 있어 연구자들의 다양한 관점을 허용할 것.

여기에 참여한 연구자들이 이러한 규칙을 불편함이 아니라 그 외의 모든 가능성을 열어 둔 자유로움으로 받아들인 것은 다행이었습니다. 이 책의 목표는 결코 필진의 전문성에 기대어 정확한 설명을 제공하려는 것이 아닙니다. '정확하다'는 표현은 항상 하이데거의 비판 대상이었습니다. 철학의 자리인 삶과 삶의 의미는 정확하다는 것과는 다른 문제이기 때문이지요. 우리에게 문제가 되었던 것은 하이데거 자신이 원했던 것처럼 철학을 하나의 학문이 아니라 인간의 존재 방식으로, 즉 '삶으로 경험'할 수 있는 기회를 만드는 것이었습니다. 여러 면에서 부족한 글이겠지만, 모쪼록 하이데거를 궁금해하는 초심자들이 이 작은 책 안에서 그러한 경험을 할 수 있게 되기를 기대합니다. 또한 여러 측면에서 철학이 외면받고 있는 이 시기에 선뜻 우리의 손을 잡아 준 세창출판사에도 깊은 감사의 마음을 전합니다.

하이데거포럼을 대신하여

박일태 씀

차 례

살아가야 하는 존재

현존재|Dasein

왜 우리는 그 질문에 쉽게 답하지 못할까?

살다 보면 가끔 '나는 누구인가'라는 질문을 던지게 됩니다. 어떤 상황과 분위기 속에서는 스스로 던지기도 하겠지만, 주로 교양서적이나 강연에서 툭 부딪히는 경우가 많습니다. 누군가가 이 질문을 던지고 나에게 약간의 시간을 준다면, 나는 아마도 허공으로 시선을 돌리고 바쁘게 살아가고 있는 요즘 내 일상을 되돌아보게 될 것입니다. 그렇게 멍하게 있다가 답을 찾지 못하고 마치 학창 시절 선생님을 바라보듯 그 질문을 던진 사람이 결국 무슨 답을 줄지 기다리게 됩니다. 대개 남 앞에서 이런 질문을 던지는 사람들은 미리 준비해 온 흥미로운 대답을 풀어내기 마련입니다. 재미있고 유익하겠지만 그때뿐인 경우가 많습니다. 언제 다시 만날지 모를 그 소중한 질문은 그렇게 또 한 차례 나를 지나쳐 가곤 합니다.

나는 왜 그 질문에 쉽게 답하지 못하는 걸까요? 이 세상에 나만큼 나를 잘 아는 사람도 없을 텐데 말이죠. 혹은 그 질문에 대한 나름의 답을 찾더라도 왜 우리는 거의 항상 만족하지 못하는 것일까요? 몇 번의 시행착오 끝에 사람들은 그 질문을 '쓸데없는 생각'이라고 치부하기도 합니다. 충분히 이해할 수 있는 일입니다. 그런데 이상하게 들리겠지만 이는 사실 맞는 말이기도 합니다. 그 질문은 어떤 의미에서는 쓸데없고 쓸모없는 것입니다. 더 정확히 말하자면, 그 질문은 처음부터 원래 쓸모와 상관이 없는 질문이고 오히려 바로 이 사실을 경험하는 것이 그 질문에 답하는 가장 현명한 방식일는지 모릅니다. 어쩌면 우리는 당황스러운 그 질문에 이미 적절히 답하고 있었던 것인지도 모릅니다.

어려서부터 답을 찾고 문제를 푸는 데 익숙해서인지, 우리는 질문보다는 답을 궁금해하는 경향이 있습니다. '나는 누구인가'라는 질문도 마찬가지입니다. 문제가 주어졌으니 답이 있을 테고, 그 답을 찾으면 될 것처럼 생각했던 것입니다. 그래서 우리는 열심히도 그 답을 찾아 헤맵니다. 그런데 우리가 놓치고 있는 것이 하나 있습니다. 모든 질문은 이상하게도 답의 방향을 어느 정도 정하게 된다는 점입니다. '나는 누구인가'라고 물었으니 '나는 누구입니다'라고 답할 수밖에 없는 것입니다. 내 이름은 무엇입니다. 나는 남자입니다. 나는 피아노곡을 좋아하는 사람입니다. 나는 여름을 별로 좋아하지 않습니다. 하지만 나는 동명이인일 수 있고, 남자가 곧 나일 수는 없습니다. 피아노곡을 좋아하거나 여름을 싫어하는 사람은 나 말고도 많을 것입니다. 그것들은 내가 아니고 나 역시 그것들이 아닙니다. 따라서 이런 것들을 모아 놓고 그것을 다 합친 것이 나라고 말하기도 어렵습니다. 나 또한 왠지 그걸 원하지 않습니다. 그것이 어느 정도는 나를 설명할 수 있을지 모르지만 말입니다. 적어도 한 가지 사실은 분명한 것 같습니다. 그 질문에 방향 잡힌 상태로는 진정한 나를 찾을 수 없습니다.

우리의 삶은 어떤 특징이 있을까?

물론 '이것은 무엇입니까'라는 질문에 '이것은 무엇입니다'라고 말하면 되는 경우가 있습니다. 도구와 같은 물건이 그렇습니다. 예컨대, '이것은 스마트폰이라고 하는 건데 전화도 하고 인터넷도 하고 음악도 듣고 사진도 찍는 편리한 물건입니다'와 같이 말이죠. 이처럼 물건은 '무엇입니까'라고 묻고 '무엇입니다'라고 답하면 그만입니다. 그것으로 충분하죠. 하지만 사람인 나에게 적용해 봅시다. 나는 걷기도 하고 노래하기도 하고 수영도 하고 책도 읽는 그런 생명체입니다. 나는 그런 일들을 하기는 하지만 그것들은 나를 규정하는 중요한 것들도 아니고, 내가 만약 사고로 몸을 움직이기 어렵게 된다면 그 모든 것은 심지어 나와 아무 상관 없는 것들이 되어 버릴 것입니다. 그래도 나는 남습니다. 나는 때로는 그런 것들이겠지만 그것은 나에게 중요하거나 나에게 고유한 것이 아닙니다. 그러니, 사람인 나는 그렇게 답할 수 있는 것이 아닌 것 같습니다. 나는 나를 다르게 물을 필요가 있는 게 아닐까요? '나는 누구인가'라는 질문에 충분히 답하기 위해서는 한 번쯤은 답 찾는 일을 접어 두고, 질문을 찾는 일을 시작할 필요가 있습니다.

'나는 누구인가'라는 질문이 충분하지 않다면 어떻게 물어야 할까요? 아마도 여러 가지 가능성이 있겠지만 하이데거는 소위 '존재 방식 Seinsweise'의 측면에서 묻자고 제안합니다. 어려운 이야기는 아닙니다. 책상도 있고 꽃도 있고 고양이도 있고 사람도 있지만 사람만큼은 그 '있는 방식'이 완전히 다르다는 것입니다. 과연 어떻게 다를까요? 사람은 각자 내가 있다는 사실을 이상하게 느끼고 궁금해하며 물을 수 있는 가능성을 가진 존재자입니다. 우리가 자주 이러한 상황 속에 빠지는 것은 아니지만, 분명 사람은 어떤 식으로든 자신이 있는 그 존재 방식과 관계할 수 있는 존재자입니다. 쉽게 말해 단지 '무엇을 하며 잘 살아갈 것인가?'뿐 아니라, '삶이란 무엇인가?'라고 물을 수 있는 특별한 생명체라는 것입니다. 하이데거는 이러한 인간의 존재 방식이 인간을 특징지으며 또 인간에게 근본적이라고 생각해서 이제는 인간이라는 말 대신 '현존재Dasein'라는 말을 사용하자고 제안합니다. 하이데거의 말을 직접 들어 보죠.

> 이러한 존재자, 즉 우리들 자신이 각기 그것이며 여러 다른 것들 중 [자신의 존재 방식에 대해] 물음이라는 존재 가능성을 가지고 있는 그런 존재자를 우리는 현존재라는 용어로 파악하기로 하자(마르틴 하이데거,『존재와 시간』, 이기상 옮김, 까치, 2015, 22쪽).

'현존재'라는 말은 '내가 지금 여기에 이렇게 있다'는 뜻입니다. 이름, 취미, 외모, 직업 등이 아니라, 그저 내가 있다는 사실을 가리키기 위한 용어입니다.

이렇게 인간을 '누구'나 '무엇'이 아닌 존재 방식의 측면에서 물으면 '존재하면서 자신의 존재를 물을 수 있는 존재자'라고 대답할 수 있습니다. 쉽게 말해, 인간은 살아가면서 '삶이란 무엇인가'라고 물을 수 있는 특별한 능력을 지닌 존재자라는 뜻입니다. 이것이 현존재라는 말의 보다 정확한 뜻입니다. 물음이 바뀌니 답도 바뀌어 가고 있는 것입니다. 그런데 하이데거에 따르면, 이렇게 인간을 현존재라고 대답할 때 두 가지 중요한 의미가 자연스럽게 따라 나온다고 합니다. 다소 이해에 노력이 필요하겠지만 사실은 내용이 어렵기 때문이 아니라, 단지 익숙하지 않은 관점 때문입니다.

인간이 자신의 존재 방식을 묻는다는 것에 대해 조금 더 생각해 봅시다. 내 앞에 있는 신기한 물건에 관해 묻는 것도 아니고, 인간과 비슷한 영장류의 습성에 대해 묻는 것도 아닙니다. 내가 나의 존재 방식을 물을 때, 사실은 어디에도 물음의 대상이라 할 만한 것이 없습니다. 왜냐하면 묻는다는 것도 살아가면서 하는 삶의 일부이기 때문입니다. 그래서 나는 내 존재 방식을 멈추거나 세워 놓은 다음, 책상 위에 놓고 이리저리 관찰할 수 없습니다. 살아가면서 동시에 삶을 물어야 하니, 삶에 관해 묻는 것에도 대답하는 것에도 어떤 한계가 있을 수밖에 없습니다. 여기에서 하이데거는 흥미로운 이야기를 꺼냅니다. 그것은 바로 인간은 단순히 '존재하는 것'이 아니라 '존재해야 한다'는 사실입니다. 조금만 생각해 보면 어느 정도 이해가 됩니다. '살아간다는 것은 무엇일까?'라는 질문은 아마도 결국은 '삶이란 내가 마음대로 할 수 있는 것이 아니구나'라는 생각으로 이어질 것이기 때문입니다. 내가 살아가고 있다는 사실은 항상 그것을 궁금해하는 지금 나의 이 작은 호기심에 앞서서 일어나고 있는 어쩔 수 없는 사실이라는 점이 무겁게 다가올 것입니다. 따라서 나는 그 사실을 인정할 수밖에 없고, 이 점에서 내가 거역하거나 파악할 수 없는 마땅히 그런 것으로 드러납니다. 하이데거는 이를 이렇게 정리합니다. "이 존재자의 본질은 그의 존재해야 함에 있다."(『존재와 시간』, 66쪽)

또한 하이데거에 따르면, 인간을 현존재로서 이해한다는 것은 마치 '이성적인 동물'처럼 모든 인간에게 무차별적으로 적용되는 보편적인 인간 정의가 아닙니다. 왜냐하면 실제로 존재하는 것은 각자 살아가는 우리 자신이기 때문입니다. 현존재라는 말은 언제나 나의 기분과 나의 목소리로만 이해되는 것이기 때문에 본질적으로 '각자성'이라는 특징을 가집니다. 한 명의 살아가는 인간으로서만 나는 현존재일 수 있는 것입니다. 다시 말해 지금 여기에서 나에게 문제가 되는 나의 이 알 수 없는 삶이라는 것만이 현존재라는 이름으로 불릴 수 있는 것입니다. 현존재는 지금 여기에서 일어나는 삶의 방식이기에 어떤 경우에도 사전에 담길 수 있는 보통명사로 오해되어서는 안됩니다. 현존재는 이 세상에서 오직 나에게만 말을 건네고 있는 나의 존재 방식입니다. 따라서 이러한 "현존재의 말 건넴은 그 존재자의 각자성의 성격에 맞추어 언제나 인칭대명사를 함께 말해야" 합니다. "즉 '나는 이렇고', '너는 저렇다'라고" 말이죠(『존재와 시간』, 67쪽).

삶은 현존재에게 숙제로 주어진다

앞서 말한 것처럼 '나는 누구인가'라는 물음에 일상적으로 답하려 할 때 우리는 몇 가지 어려움을 겪게 됩니다. 그런데 이 어려움은 무엇보다도 우리가 답을 찾던 방식에서도 오는 것 같습니다. '무엇인가'라는 물음의 방식에 갇혀 우리는 물건들과 다를 바가 없는 그런 대답을 찾고 있던 것입니다. 그런 것들은 내 취미생활을 찾거나 자기소개서를 쓸 때는 쓸모가 있겠지만, 이것이 과연 나인지 물어보면 어느새 모래알처럼 내 손가락 사이를 빠져나가 버립니다. 나를 잡았다고 생각했지만, 손을 펴 보면 모래 묻은 손바닥만 있을 뿐입니다. 여기에서 하이데거는 물음의 종류를 바꾸자고 제안합니다. 인간은 애초에 있다는 그 존재 방식의 측면에서 사물과 본질적으로 다르다는 착상 때문입니다. 나는 '어떻게 있는' 존재자인가 하는 질문을 통해 나는 나의 존재를, 나의 삶을 물을 수 있는 현존재라는 다소 낯설고 흥미로운 답이 제시되었습니다. 그리고 그 두 가지 의미, 즉 '존재해야 함'과 '각자성'을 살피면서 우리는 우리 각자가 실제로 살아가고 있는 내 삶의 특징들을 이해하고자 노력했습니다.

그렇다면 이것으로 나에 대한 물음은 정리가 된 것일까요? 아닙니다. 이제부터 시작입니다. 정말로 나의 삶을 그렇게 이해할 수 있는지, 이해할 필요가 있는지 생각해 보는 일이 우리 각자에게 숙제로 던져진 것입니다. 나를 존재 방식의 측면에서 묻는 일이 우리를 새로운 자기 이해로 안내하기는 했지만 그럼에도 나는 다시 나는 누구인가, 무엇인가, 무엇을 좋아하고 무엇을 희망하는 존재자인가 하고 물어야 하는 저 일상으로 돌아가야 하기 때문입니다. 그리고 진정한 나의 삶이란 무엇인지, 그리고 그렇다면 또 진정하지 않은 나의 삶이란 무엇인지도 생각해 볼 필요가 있을 것입니다.

* * *

이야기를 정리해 봅시다.

'나는 누구인가?'라는 질문은 사춘기 때 잠깐 관심을 갖게 되는 치기 어린 질문이 아닌 것 같습니다. 그리고 그 질문은 쓸모없거나 답을 찾기에는 너무 어려운 질문도 아닌 것 같습니다. 그 질문은 우리를 이상한 기분 속에 몰아 넣습니다. 그리고 그 기분이란 것을 잘 둘러보면 결국 우리가 알 수 있는 것은 없으며, 단지 내가 살아 있고, 살아가고, 또 어쨌든 살아가야 한다는 사실만이 새삼스럽게 알려질 뿐입니다. 시간을 내서 그 질문을 던져 본다고 해도 사실 남는 것은 없습니다. 우리는 잠시 이상한 기분 속에서 이상한 경험을 할 뿐이죠. 하지만 한 가지는 분명합니다. 그 질문은 우리 인간만이 느낄 수 있는 특별한 경험을 만들어 내는 질문이라는 사실이 그것입니다. 알 수 없지만 소중한 것들이 우리 삶 속에는 많은 것 같습니다.

- 박일태

세계와 만나는 순간

세계 Welt

우리는 기차를 기다리며 세계를 만난다

"폭 좁은 철도를 횅하게 끼고 있는 어느 한 초라한 기차역에 우리는 앉아 있다. 다음 기차는 빨라야 네 시간이나 지나서야 온다."(마르틴 하이데거, 『형이상학의 근본개념들: 세계-유한성-고독』, 이기상 옮김, 까치, 2003, 159쪽 참고) 주변엔 사람들도 없고 마침 스마트폰은 배터리가 떨어졌다고 생각해 봅시다. 가방 속엔 책이 있긴 하지만 재미없는 것들뿐입니다. 이럴 때 우리는 의미 없이 기차역 표지판을 바라보기도 합니다. 심심해서 이곳저곳을 걸어 다니다가 다시 시계를 봤지만 겨우 10분이 지났을 뿐입니다. 기차는 이제 3시간 50분 후에 올 예정입니다. 아무것도 할 게 없습니다. 이젠 정말 아무것도 할 게 없습니다. 모든 것이 점점 더 지루하게 느껴집니다. 지금 이 시골 기차역은 나를 정말 지루하게 만들고 있습니다. 그런데 생각해 봅시다. 기차역에 있는 재미없는 사물들이 나를 지루하게 만들고 있는 것일까요?

이 사물들은 분명 우리에게 아무 짓도 하고 있지 않고, 우리를 온전히 고요 속에 놔두고 있다. 정말 그렇다. 그리고 바로 이것이, 왜 이 사물들이 우리를 지루하게 하고 있는가 하는 그 까닭이다(『형이상학의 근본개념들』, 175쪽 참고).

하이데거에 따르면, 우리가 이 심심한 기차역에서 지루함을 느끼는 것은 맞지만, 이 기차역이 나를 지루하게 만드는 것은 아닌 것 같습니다. 그럼 나는 왜 지루함을 느끼는 것일까요? 아니 도대체 지루함이란 무엇일까요?

하이데거는 어디에선가 세계의 의미를 설명하기 위해 이런 흥미로운 접근을 시도합니다. 산다는 것은 한 세상을 사는 것이고 세상을 떠난다는 것은 죽는다는 것입니다. 인간을 이성적인 동물이라고 정의하기 위해서라도 그 이성을 펼쳐 낼 수 있는 세계가 우선 있어야 합니다. 인간은 처음부터 세계에 던져진 존재이고, 세계 없이 인간을 생각하거나 정의하는 것은 상상할 수 없습니다. 그런데 세계는 모든 나라를 모아 놓은 것도 아니고 모든 공간을 이어 붙인 것도 아닙니다. 세계는 어떤 거대한 상자와 같은 공간도 아닙니다. 인간에게 세계란 무엇일까요? 여기 한 철학자가 지루한 기차역을 서성이며 세계의 본질을 설명하려 하고 있습니다. 그는 무슨 말을 하려는 것일까요?

기차역의 예는 너무나 일상적인 것 같습니다. 고상한 철학적 소재를 다루기에는 너무 쉽고 간단해 보입니다. 하지만 하이데거는 그렇게 별 볼

일 없어 보이는 일상이 모든 정형화된 이론과 체계적인 접근으로도 도달할 수 없는 어떤 '직접성Unmittelbarkeit'을 가지고 있다고 말합니다.

> 중요한 것은 일체의 모든 이론들에서부터 벗어나 우리 자신을 일상적 행동관계의 저 직접성 속으로 되돌려 옮겨 놓는 일이다(『형이상학의 근본개념들』, 163쪽).

생각해 봅시다. 그 순간 그 기차역은 나에게는 하나의 세계입니다. 앞서 하이데거는 기차역에서 지루함을 느끼는 이유에 대해 말한 적이 있습니다. 기차역 주위에 있는 이정표와 잡초들, 철로와 돌멩이들은 우리에게 아무 짓도 하지 않고 있다고 말입니다. 그 사물들은 우리를 그저 놔두고 있는데, 하이데거는 이것이 바로 우리가 지루함을 느끼는 이유라고 말하고 있습니다. 바로 세계의 '공허함Leere'에 대해 그는 말하려는 겁니다. 다시 말해 지루함 속에서 세계가 공허한 모습으로 직접 자신을 보여 주고 있다는 사실에 주목하려는 것입니다.

공허하다leer는 것은 말 그대로 아무것도 없이 비어 있다는 것입니다. 우리가 조용한 기차역에서 지루함을 느끼는 것은 그 공간이 공허하게 느껴지기 때문입니다. 하지만 우리가 공허하게 느낀다고 해서 정말 아무것도 없는 것은 아닙니다. 기차역의 주변 사물들은 여전히 그대로 있습니다. 모든 것이 그대로 있는데 나는 이 공간을 공허하게 느끼는 것입니다. 하지만 내가 기차역을 공허하게 만든 것이 아니라면 우리는 반대로 다음과 같이 생각해 볼 수 있습니다. 모든 것이 있음에도 나는 공허함을 느끼는 것이 아니라, 모든 것이 그대로 있기에 나는 공허함을 체험하게 되는 것입니다.

오히려 눈앞의 이것이 우리를 공허 속에 버려두고 있는 것이다(『형이
상학의 근본개념들』, 176쪽).

여기에서 하이데거의 한 가지 중요한 통찰이 발견됩니다. 그에 따르
면, 지루함 속에서 세계는 한순간에 전체적으로 공허한 것으로 물러나게
됩니다. 저기 내가 얼마든지 만지고 살펴볼 수 있는 물건들이 내 주위를
가득 채우고 있지만, 이 공간은 전체적으로 공허하게 느껴집니다. 이로부
터 하이데거는 다음과 같은 생각을 하게 됩니다. 지루함 속에서 세계는 전
체적으로 공허한 것으로 느껴지지만, 이것은 또한 내가 세계를 전체적으
로 만나게 되는 특별한 기회가 된다고 말입니다. 우리는 항상 무엇인가를
사용하거나 관리하거나 그것에 빠져 있는 방식으로 살아갑니다. 따라서
우선 그리고 대개는 세상을 전체적으로 만나는 경험을 할 수 없습니다. 하
지만 하이데거는 지루함이라는 일상적인 감정을 통해 인간은 언제나 이
미 세계를 전체적으로 만나고 있다는 근원적인 사실을 제시하고 있는 것
입니다. 그런데 한 가지 이해할 수 없는 점이 있습니다. 우리는 단지 세계
란 무엇인지 그 대답을 간단히 듣고 싶은데, 하이데거는 이상한 방식으로
세계를 복잡하게 설명하고 있다는 것입니다. 이런 이상하고 복잡한 설명
을 통해 그는 세계를 어떻게 설명하려는 것일까요?

세계는 우리에게 어떻게 드러날까?

우리가 기다리는 '세계란 무엇인가'에 대한 명쾌한 대답은 아직도 주
어질 기미가 보이지 않습니다. 지루함 속에서 인간의 세계 관계가 드러날

수 있다는 것은 어느 정도 흥미롭지만, 그것이 공허에 대한 깊은 생각을 요구하고 있어 하이데거의 세계 개념을 파악하는 일이 쉽지 않습니다. 그럼 공허함에 대해 조금 더 생각해 봅시다.

하이데거는 객관적인 크기나 공간으로서 세계 개념에는 원칙적으로 동의하지 않습니다. 왜냐하면 세계란 언제나 인간과의 관계 속에 있어 내 앞에 있는, 혹은 내가 그 안에 있는 어떤 것이 아니기 때문입니다. 또한 나는 세계를 언제나 이미 만나고 있고, 세계에 대한 생각이나 판단을 하는 것 역시 세계 관계를 전제할 수밖에 없습니다. 하이데거는 이러한 자연스러운 세계를 이해하기 위해서는 새로운 접근방식이 필요하다고 생각하는 것입니다. 이론적인 분석이나 추론이 아니라 일차적이고 실질적인 나와 세계 사이의 관계를 드러내는 방식이 그것입니다. 그가 세계를 해명하기 위한 방법으로 지루함이라는 기분을 선택한 것이 바로 그런 이유 때문입니다. 지루함은 모든 것이 원래 그대로 있는 장소를 한순간 공허하게 만듭니다. 모든 것은 없어지는 것이 아니며 사실은 더 분명하게 그 자리에 있게 됩니다. 지루함을 느끼기 전에는 아예 관심을 갖지도 않았을 테니까요. 다시 말해 내가 지루하게 느끼는 이 기차역은 공허함 속에서 더없이 또렷한 색과 모양으로 나에게 나타납니다. 하지만 그렇게 더 분명하게 경험되는 기차역은 이제 공허함 속에서 마치 나와 상관없는 듯한 기차역이 되어 버립니다. 어떤 면에서는 기차역이 전체적으로 자신을 감추면서 오히려 전체적으로 드러나는 것입니다. 이때 하이데거는 기차역이 '자신을 거부한다sich versagen'고 말하기도 합니다.

이 기차역이 우리에게 어떠한 체류도 강요하지 않는 바로 그때, 그것은 하나의 틀림없는 기차역으로 존재한다. 눈앞의 이 기차역은 우리

에게 기차역이기를 거부하고 있으며 우리를 공허 속에 버려두고 있
다(『형이상학의 근본개념들』, 177쪽).

이런 이상한 일들이 세계를 이해하는 것과 무슨 관련이 있다는 것일
까요?

이제 기차역을 떠나 세상을 생각해 봅시다. 시골 기차역에서 느낀 지
루함으로부터 이 세상에 대한 '깊은 권태tiefe Langeweile'로 나아가 봅시다.
살아가다 보면 특별한 이유도 없이 갑자기 내가 살아가고 있는 이 세상이
한없이 지루하게 느껴질 때가 있습니다. 심심한 것도 아니고, 재미있는 일
로 심심한 것을 채우는 것조차도 지루하게 느껴질 때가 있습니다. 이유를
알 수 없으니 우리는 그저 "아무튼 그냥 지루해"라고 말할 뿐입니다(『형이상
학의 근본개념들』, 230~231쪽 참고). 세상 전체가 아무튼 그냥 지루하게 느껴지
는 이 깊은 권태 속에서는 내가 무엇을 해야 하는지, 심지어 내가 누구인
지조차 상관이 없게 됩니다. 나는 그저 이 세상과 무차별적으로 관계하고
있는 것이고, 그 무차별적인 관계만이 더 선명하게 다가옵니다. 그런데 이
렇게 모든 것이 자신을 거부하면서 그것들이 무의미하게 되는 것은 아닙
니다. 앞서 기차역의 경우처럼 내가 모든 것에 대해, 그리고 나 자신에 대
해 지루하게 느낄 때, 이 모든 것은, 그리고 나 자신은 기존의 '어떤 의미'
를 상실하고 '있는 그대로' 그 자체가 됩니다. 나의 의지나 판단 따위와 아
무런 상관이 없이 그저 세계가 나에게 열려 있다는 사실만이 남게 됩니다.
우리는 하이데거의 독특한 세계 개념을 바로 여기에서 만나게 됩니다. 세
계란 사물이나 공간이 아니라, 모든 것이 나에게 나타나고 있다는 바로 그
사실입니다. 이를 하이데거는 이렇게 말합니다. "세계란 곧 존재자가 그
자체로서 전체에서 개방되어 있음이다."(『형이상학의 근본개념들』, 458쪽)

모든 사람이 없어진다면 세계는 어떻게 될까?

이제 하이데거가 말하는 세계 개념의 특징을 분명히 할 때가 되었습니다. 우리는 '세계란 무엇인가'라고 물었습니다. '무엇인가?'에 대한 대답은 '어떤 것'이 되어야 합니다. 하지만 하이데거는 '무엇인가?'라고 묻고 '어떻게 있다'라고 답하고 있는 것입니다. 질문과 대답의 성격이 다르니 이해가 쉽지 않았던 것입니다. 하지만 하이데거와 같은 대가가 이런 기초적인 실수를 할 일은 없습니다. 그는 세계를 어떤 것으로 이해하는 아주 오래된 실수를 바로잡으려는 것입니다. 세계는 저기에 있다가 내가 관심을 갖고 바라보면 보이게 되는 대상이 아니라, 언제나 이미 나에게 나타나고 있기에, 즉 나와 관계하고 있기에 비로소 저기에 대상이나 공간처럼 있게 되는 것입니다. 그렇다고 해서 내가 세계를 마음대로 만들 수 있다는 것은 아닙니다. 세계가 '그 자체로서 나에게' 언제나 이미 드러나는 것입니다. 더 정확히 말해, 세계가 나에게 열려 보인다는 것은 나와 상관없이 세계가 스스로 자신을 열어 보이거나 닫아 버리는 것이 아니라, 나와 세계가 언제나 이미 함께 속해 있는 터전에서 비로소 그 자체로 열려 보인다는 것입니다. 하이데거의 유명한 개념 '현존재Dasein'에는 이러한 의미가 담겨 있습니다. 그것은 나, 인격, 주체가 아니라 세계가 나에게 드러나고 있는 장소를 의미합니다. 지루함과 공허함, 그리고 깊은 권태는 세계를 '무엇'이 아닌 '어떻게'의 관점에서 이해해야 한다는 것을 말하는 것입니다.

어떤 일로 인해 지구상에 있는 모든 사람이 사라졌다고 생각해 봅시다. 그럼 사람들만 없어지고 그동안 우리가 세계라고 생각했던 것만 덩그러니 남게 되는 것일까요? 그것은 우주 어느 별의 지표면처럼 있겠지만, 더 이상 우리가 생각해 왔던 그 '세계'가 아닙니다.

＊ ＊ ＊

이야기를 정리해 봅시다.

아마도 '세계'라고 하면 이 세상에 있는 모든 나라를 떠올리기도 하고 사람들이 살아가는 아주 큰 공간을 떠올릴 수도 있을 것입니다. 하지만 조금 생각해 보면 그건 정말 세계를 그 자체로 생각했다기보다는 우리의 필요에 의해 마음대로 그려 낸 상상화에 불과합니다. 우리는 왜 세계라고 하면 크고 거대한 무엇이라고 생각하고 그 안에 갇혀 버리는 것일까요? 오늘 아침에 내가 학교로 가거나 회사로 가는 길에 부딪힌 그 세계를 생각해 보시기 바랍니다. 아니면 지금 이 책을 읽으면서 당신이 처해 있는 여기 이곳의 세계를 생각해 보시기 바랍니다. 다양한 종류와 색, 크기, 딱딱함으로 지금 내 주변에 있는 것들을 둘러보시기 바랍니다. 아무렇지 않게 사용했던 익숙한 물건들을 이제는 나의 필요나 용도와 상관없이 저기에 그저 놓여 있도록 놔두고 마치 낯선 곳에 던져진 것처럼 생각하기 시작해 봅시다. 나는 이 세계 앞에서 무엇을 할 수 있고, 무엇을 해야 하는 존재일까 하고 말입니다.

- 박일태

삶으로서 형이상학

형이상학Metaphysik

0은 있는 것일까, 아니면 없는 것일까?

숫자 0은 있는 것일까요, 없는 것일까요? 없지만 있다고 간주해야 하는 것입니다. 모든 도형의 기본 단위인 점은 있는 것일까요, 없는 것일까요? 점은 아마도 크기나 넓이가 없고 위치만 있는 것으로 정의될 텐데, 결국 쉽게 말하자면 숫자 0과 마찬가지로 없지만 있다고 간주해야 할 것 같습니다. 숫자 0이 없다면 10도 없고 100도 없을, 아니 수학 전체가 불가능할 것입니다. 마찬가지로 점이 없다면 선과 면도 있을 수 없으니, 기하학도 모두 무너질 것입니다. 약간 과장을 섞어 말하자면, 가장 정확하고 객관적인 수학과 과학이 실은 이렇게나 의문스러운 기초 위에 세워져 있는 것입니다. 또한 내일은 있는 것일까요, 없는 것일까요? 인류 역사상 내일이 있다는 것을 보거나 증명한 사람은 아무도 없습니다. 왜냐하면 내일은 아직 오지 않았기 때문입니다. 그러나 우리는 내일이 있으며 반드시 올 것이라고 확신하며 살아갑니다. 우리는 내일을 위해 약속을 하거나 어떤 준비를 하고 기대를 하며 살아가고 있습니다. 있는지 없는지도 모르는 내일을 위해서 말입니다. 이상한 일입니다. 도대체 우리의 삶 속에서는 무슨 일이 일어나고 있는 것일까요? 우선 한 가지는 확실한 것 같습니다. 0과 점처럼, 본 적도 없고 정확히 알 수도 없는 것들이 실제로 우리 삶의 기초를 이루고 있는 것입니다.

우리는 눈앞에 보이는 이것을 만지고, 이 사람과 약속하고, 이 할 일을 처리하며 살아가는 것 같지만, 실은 어디에 있는 것인지, 그것이 과연 정말 있는 것인지 알 수 없는 더 깊고 넓은 상식과 가치관, 세계관, 희망 등에 기대어 살아가고 있는 것입니다. 이런 것들이 없다면 우리는 정상적인 삶, 아니 평범한 삶조차 살아가기 어려울 것입니다. 그렇다면 그것은 사실 전혀 새로울 것이 없는 인간의 자연스러운 본성이라고 해야 할 것 같습니다. 그럼에도 사람들은 당장 보이지 않는 것에 대해 그것은 쓸모없고 허황된 것이라고 생각하는 경향이 있습니다. 하지만 위에서 잠깐 살펴본 것처럼 사실은 그렇지 않습니다. 보이지 않고 확인할 수 없는 어떤 것에 기대어 우리는 실제로 하루하루를 살아가고 있고, 더욱이 그것이 실제로 인간의 본성이라면 그것은 충분히 생각해 볼 가치가 있는 것입니다. '형이상학' 역시 이러한 것들을 묻고 생각하는 분야입니다. 때로 형이상학은 그 중요성으로 인해 철학 그 자체로 간주되기도 했다는 점을 기억해 주시기 바랍니다. 그런데 수천 년을 이어 온 오랜 전통을 가지고 있는 형이상학이 오늘날에는 세상과 사람들의 무관심 속에 사라지고 있습니다. 심지어는 파수꾼이 되어야 할 철학자들조차도 형이상학을 무시하는 시대가 되어 버렸습니다. 하지만 형이상학이 다루는 대상들이 앞서 살펴본 것처럼 실은 우리 삶의 일부라면, 형이상학은 사람들이 필요 없다고 해서 폐기할 수 있는 간단한 문제가 아니라는 것은 분명합니다. 이러한 맥락에서 하이데거는 흥미롭게도 오늘날 형이상학이 숨어 버렸다고 선언합니다.

> 형이상학이 인간 본질의 어둠 속으로 빠져나갔다(『형이상학의 근본개념들』, 23~25쪽 참고).

그는 무슨 말을 하고자 하는 것일까요?

형이상학을 그리워하다

형이상학에 대한 무시와 몰이해는 그것이 특정한 대상을 다루는 '학문의 한 분야'라고 생각할 때 시작됩니다. 이 경우 형이상학이 하나의 학문이라면 그 학문이 다루는 대상이 있어야 하는데, 형이상학이 다루는 대상은 모두가 허황된 것들뿐이라는 생각이 곧바로 이어지기 때문입니다. 하지만 형이상학적인 것들, 형이상학이 다루는 것들은 사실 지극히 일상적이고 구체적인 삶의 일부라는 점에 주목할 필요가 있습니다. 그리고 조금 생각해 보면 특히 우리 삶의 기초가 되고 의미와 희망을 주는 것이 형이상학적인 대상이라는 점을 이해할 수 있습니다. 여기에서 하이데거는 과감하게 학문으로서 형이상학이 아니라 '삶으로서 형이상학'을 선택합니다. "우리의 고유한 활동, 즉 인간의 활동으로서 형이상학!"(『형이상학의 근본개념들』, 24쪽)을 바라보는 것이죠. 이처럼 하이데거가 형이상학을 삶으로 이해한다는 점은 다른 형이상학자들에게서는 쉽게 찾을 수 없는 특별한 주장입니다.

하이데거의 선언, '인간의 활동으로서 형이상학'은 이해하기가 쉽지 않습니다. 형이상학이 곧 인간의 활동, 즉 인간의 삶이라면 형이상학의 대상이 곧 형이상학을 수행하는 자가 되기 때문입니다. 형이상학이 인간의 삶이라면, 인간의 삶이 인간의 삶을 다룬다는 뜻이 됩니다. 따라서 형이상학의 주제와 대상도, 그리고 그러한 것들을 생각하고 고민하는 자도 모두 하나가 됩니다. 이렇게 복잡하게 뒤얽힌 문제 상황을 해결하기에 앞서 우리는 하나의 사실을 재차 분명히 할 필요가 있습니다. 하이데거에게 '형이상학이란 무엇인가'라는 질문은 '인간이란 무엇인가'라는 질문과 동일하다는 점입니다. 그런데 "우리는 이 점을 그저 어둡게만 알고 있을 뿐"(같은 곳 참고)이죠. 이 점을 조금 더 생각해 보면 또 하나의 통찰에 이르게 됩니다.

우리 모두는 인간입니다. 때문에 우리는 정확하지 않더라도 어느 정도는 이미 인간이란 무엇인지 알고 있습니다. 그런데 인간에 대한 이해가 곧 형이상학에 대한 이해라면, 우리 모두는 형이상학에 대해서도 어느 정도는 이미 알고 있는 것입니다. 다만 우리는 불분명하게 알고 있는 것입니다(같은 곳). 그리고 우리가 알고 있고 알아야 하는 것, 즉 피할 수 없는 것은 살다 보면 언젠가 반드시 마주하게 됩니다. 우리는 그것을 그리워할 수밖에 없기 때문입니다. 하이데거에게 형이상학은 인간의 고향이고, 고향에 대한 '향수鄕愁'입니다.

형이상학을 설명하는 자리에서 하이데거는 흥미롭게도 낭만주의 시인 노발리스Novalis의 한 구절을 인용합니다. "철학이란 본디 향수요, 어디에서나 고향을 만들려는 하나의 충동이다Die Philosophie ist eigentlich Heimweh, ein Trieb überall zu Hause zu sein."(『형이상학의 근본개념들』, 25쪽) 철학의 본질에 대한 노발리스의 통찰에서 하이데거는 형이상학의 본질을 찾으려는 것입니다. 그럼 하이데거는 왜 이 구절에 주목하는 것일까요?

형이상학이 우리 삶의 불가피한 조건이라면 그것은 마치 고향과 같은 것입니다. 멀리 떨어져 있고 때로는 잊고 살지만, 그래서 오히려 가끔은 더없이 강렬하게 그리워지는 고향입니다. 하지만 그러한 마음의 고향이 실제로 어떤 장소에 있는 것은 아닙니다. 그것은 다만 형이상학을 인간 삶의 근원적인 존재 방식이라고 말하고 있을 뿐입니다. 그런데 하이데거는 이러한 향수를 충동으로 이해합니다. 향수라는 것은 갑자기 내 마음 안에서 일어나는 것이기 때문에 충동이라고 할 수 있는 것이죠. 특히 '어디에서나 고향을 만들려는 충동'이라는 노발리스의 통찰에 주목합니다. 고향을 찾는 것이 아니라 '만든다'는 표현이 이상하게 들릴 수 있습니다. 더욱이 어느 한 곳이 아니라 '어디에서나' 그런 고향을 만들려는 충동이 철학의 본질, 즉 형이상학이라고 말한다는 점에 주목할 필요가 있습니다. 조금 더 생각해 봅시다.

전체란 모든 것의 총합일까?

어디에나 존재한다는 것은 모든 곳에 존재한다는 것이고 그래서 결국은 '전체적으로' 존재한다는 것이 됩니다. 하지만 우리가 어떻게 전체적으로 존재할 수 있다는 것일까요? 나는 지금 내 작은 방 안에 있을 뿐이지, 동시에 지구 반대편 독일 프랑크푸르트 시내에 있는 '바커스 카페Wacker's Kaffee'에 앉아 있는 것이 아닙니다. 당연히 유한한 인간은 전체적으로 있을 수가 없습니다.

그런데 하이데거는 모든 인간이 어디에서나, 즉 전체적으로 존재한다고 말합니다. 상식적으로 맞지 않는 말이죠. 하나씩 생각해 봅시다. 사실 우리가 생각하는 모든 것 또는 전체는 말 그대로 이 세상에 있는 모든 것의 총합일 수 없습니다. 우리가 생각하는 세상이라는 것이 정말 지구 위에 있는 모든 것의 총합일까요? 그런 식의 세상은 아무런 의미가 없습니다. 우리가 일상에서 실제로 말하는 세상이라는 것은 살아가면서 우리가 고려할 수 있는 모든 것입니다. 그래서 서로 말이 통하지 않을 때 나의 세계와 너의 세계가 다르다는 말을 할 수 있는 것입니다. 그렇다면 우리 인간이 전체 안에 존재한다는 것은 '인간은 세상을 단위로 생각할 수 있다'라는 뜻이 됩니다. 물론 그렇다고 해서 인간이 세상을 마음대로 꾸며 낸다는 말은 아닙니다. 인간은 생각으로든 실제로든 그 모든 것을 '이 세상', '세상 참', '이놈의 세상'이라고 말하며 만나고 있는 것입니다. 그리고 중요한 것은 그것이 인간이 살아가는 삶의 방식인 한에서 우리가 선택했다기보다는 나도 모르게 그렇게 살아가고 있다는 편이 맞는 것 같습니다. 하이데거의 언어로 표현하자면 우리는 언제나 이미 전체 안에 존재하려는 충동('어디에서나 고향을 만들려는 충동') 속에 있는 것입니다.

형이상학은 전통적으로 존재자 전체를 다루는 학문입니다. 하지만 형이상학을 분과 학문이 아닌 '인간의 활동'으로 재해석하고자 하는 하이데거에게는 그 의미가 변화하게 됩니다. 형이상학이 존재자 전체를 다루기 위해서는 그에 앞서 인간이 본질적으로 언제나 이미 존재자 전체를 마주할 수 있는 존재여야 하죠. 추상적인 형이상학의 전체성이 인간의 전체적인 존재 방식 안에서 비로소 그 실질적인 근거를 찾게 되는 겁니다. 형이상학에 대한 하이데거의 놀라운 재해석은 유한성과 개별화의 문제로 이어집니다.

전통 형이상학은 전체성과 더불어 인간의 유한성 또한 탐구해 왔습니다. 세상 전체에 대한 탐구를 진행하다 보면, 자연스럽게 그 안에 처해 있는 인간의 유한한 지위를 묻지 않을 수 없기 때문입니다. 인간의 유한 성은 일반적으로 피조물이라거나 짧은 생을 살아야 한다는 점 또는 환경의 영향을 받는다거나 자신의 미래를 알 수 없다는 것들로 이해되는 경우가 많습니다. 하지만 하이데거는 유한성을 앞서 말한 세계의 전체성 안에서 새롭게 이해합니다. 이 세상 전체를 단위로 생각하고 살아가는 인간은 그 자체로 유한할 수밖에 없다는 것입니다. 세상 전체를 생각하지만, 나는 왜 그렇게 생각하고 그렇게 살아가야 하는지 알 수 없습니다. 세상 전체라는 것이 과연 무엇이고 그것을 어떤 태도로 받아들여야 하는지, 나름대로 선택한 세상에 대한 나의 태도가 얼마나 적합한 것인지도 알 수 없습니다. 세상에 던져져 있는 우리 인간은 세상을 다 알 수 없으면서도 '세상에나 어떻게 그런 일이'라고 말하면서 세상 전체를 염두에 두고 살아갑니다. 세상 앞에서 우리는 "이쪽도 아니고 저쪽도 아닌 사이에서 이리저리 왔다 갔다"(『형이상학의 근본개념들』, 26쪽 참고) 하며 흔들리고 있는 것입니다. 하이데거는 세상 속에서 살아가는 인간의 이러한 처지를 '인간의 유한성'이라고 말합니다.

　　다음으로 전통 형이상학은 '개별화'의 문제를 중요하게 다루어 왔습니다. 세상을 설명하기 위해서는 반드시 보편적인 것과 개별적인 것을 구분해야 하기 때문입니다. 예를 들면 '인간'과 '홍길동이라는 이 사람'을 구분할 필요가 있을 것입니다. 하이데거는 이 개별화 역시 다르게 설명합니다. 개별화는 무엇보다 인간의 형이상학적인 존재 방식이라는 것입니다. 감당할 수 없는 이 세상 전체(세계)를 마주하는 인간은 알 수 없는 길을 걸어가며(유한성) 살아갑니다. 그런데 이것이 인간이 살아가는 삶의 방식이기에, 우리 삶은 바로 이러한 유한한 삶을 깨닫고 그에 맞는 삶을 살아가야 할 것입니다. 하이데거는 세상 속에서 보다 유한한 삶을 살아가는 인간만이 진정으로 자신의 삶을 살 수 있다고 말합니다. 그리고 그럴 때 우리는 진정한 의미의 나, 즉 개별 인간이 되는 것입니다. 흔히 말하는 개인주의적인 주체가 되는 것이 아니라, 세상과의 관계 속에서 자신의 유한한 삶을 깨닫고 받아들이고 책임지는 한 사람이 되는 것입니다. 하이데거는 이것을 개별화라고 설명합니다. 내용이 조금 어려워졌네요. 그럼 쉽게 다시 정리해 봅시다.

우리는 형이상학을 되찾아야 한다

지금 이 시대는 형이상학이라는 것을 원하지 않는 것처럼 보입니다. 형이상학을 비판하는 많은 철학자도 동조하는 분위기입니다. 그렇다고 하이데거가 전통 형이상학의 교조적인 태도를 다시 주장하는 것은 아닙니다. 하나의 학문으로서 형이상학에 대해서는 하이데거 자신이 그 누구보다 비판적이었습니다. 그가 보기에 중요한 것은 형이상학적인 개념이나 이론이 아니기 때문입니다. 중요하고 또 우리가 깨달아야 할 것은 형이상학이 책을 펼치고 비로소 배워야 할 지식의 한 종류가 아니라, 세상 속에서 세상을 마주해 살아가야 할 우리 각자의 삶의 조건이라는 사실입니다. 인간은 모두가 세상 앞에서 흔들리며 살아갑니다. 삶이 원래 그렇습니다. 그렇다면 이 사실을 진지하게 받아들이며 살아가는 삶이 인간다운 삶은 아닐까요? 하이데거가 말하는 형이상학에는 이런 의미가 담겨 있습니다. 하지만 이 시대는 형이상학을 잘못 이해하고 우스꽝스러운 모습으로 그려 내고 놀려 대며 무시하는 것 같습니다. 형이상학은 세상 속에서 세상을 마주해 살아가야 하는 인간의 조건입니다. 이 시대가 형이상학을 잊어버린다면 우리는 다시 각자의 삶 속에서 형이상학을 찾아내야 할 것입니다.

＊ ＊ ＊

이야기를 정리해 봅시다.

심지어 요즘은 철학자들조차 형이상학을 무시하기도 합니다. 형이상학을 지식으로 생각하기 때문입니다. 지식으로 생각하고 의미 있는 지식과 의미 없는 지식을 마음대로 구분하고 있는 것이죠. 하지만 분명한 사실은 우리의 삶은 보이지 않고 만질 수 없는 것들로 가득 차 있다는 것입니다. 우리는 '우정'을 본 적이 없습니다. 우리는 '사랑'도 그 자체로 본 적이 없죠. 우리는 알 수 없는 나의 미래를 위해 하루하루를 살아갑니다. 어리석게도 일어나지 않은 일들을 걱정하며 살아가기도 하죠. 이것은 사실이고 아주 자연스러운 것입니다. 그리고 우리가 그렇게 살아간다면 어쩌면 우리 인간은 그런 일들이 '일어나는 장소'일 수 있습니다. 형이상학적인 것은 지식이나 정보가 아니라 우리의 '삶의 방식'일 수 있다는 것입니다.

우리는 알 수 없는 삶을 살아가고 있습니다. 정도의 차이만 있을 뿐, 알 수 없는 '세상'을 생각하고 있는 것입니다. 또 우리는 실수를 하며 내가 미약하고 어리석은 존재라는 것을 생각하고 있는 것입니다. 우리는 인간의 유한성을 생각하고 있었던 것입니다. 그리고 점점 나이가 들면서 우리는 이제는 진정한 나의 삶을 살아야겠다는 생각을 하게 되죠. 내가 독립적인 개인이라는 사실을 생각하고 있는 것입니다. 세계와 유한성, 그리고 개별화라는 형이상학의 가장 큰 주제를 우리는 이미 일상 속에서 다양한 방식으로 온몸으로 살아가고 있는 것인지도 모릅니다. 형이상학은 생각보다 우리의 삶에 아주 가까이에 있는 것 같습니다.

- 박일태

두 겹의 말

말Rede

말을 모르는 사람도 있을까?

아마도 이 세상에 말을 하지 못하는 사람은 없을 것입니다. 그래서 과감하게 주장해 보려고 합니다. "말이 없다면 존재할 수 없다." 그런데 이렇게 단정적인 주장은 그만큼 반대 의견을 불러오기 쉽습니다.

『정글북』의 '모글리'나 『타잔』의 '타잔'처럼, 실제로 1991년 우크라이나에서 개들과 함께 자란 8살 옥사나 말라야가 사람들에게 발견되었습니다. 그는 그 이후로도 말을 하거나 글을 쓸 줄 몰랐습니다. 그렇지만 그는 엄연히 세상에 존재하고 있습니다. 그러니 말을 모르는 사람이 존재할 수 없다는 말은 틀렸습니다. 말은 대화나 의사소통의 수단이지, 우리 생존의 필수적인 요소가 아닙니다. 말을 할 수 없어도 생명의 위협을 받지 않습니다. 말은 생존을 위한 부가적 기능일 뿐입니다.

말의 사전적인 의미만 봐도 말이 우리의 존재와 필연적인 연관이 없음을 알 수 있습니다. 사전에서 말은 우리의 생각이나 느낌을 표현하는 음성기호라고 합니다. 우리는 그 말(음성기호)을 다른 사람들에게 말(어떤 주제를 가진 이야기)로 전달하기 위해 적절한 말(단어, 구, 문장)을 구성합니다. 때로는 내가 전달한 이야기가 말(소문이나 풍문)로 퍼져 나가기도 합니다. 이렇게 사전에서 정의하는 말은 단지 생각이나 느낌의 '표현 도구'일 뿐입니다.

그러니까 '말이 없다면 존재할 수 없다'는 주장은 누구나 쉽게 반박할 수 있습니다. 그럼에도 불구하고 우리는 여기서 '말이 없으면 존재할 수 없다'는 얘기를 하려고 합니다. 그러기 위해서 무엇보다 말의 개념을 분명하게 정의할 수 있도록 사전적 정의보다 좀 더 근본적인 의미를 찾아볼 필요가 있습니다. 그래서 하이데거의 말 개념을 살펴보려고 합니다. 하이데거는 그의 책『존재와 시간』에서 말이 우리 인간에게 얼마나 본질적인 요소인지 설명합니다. 그에게 말을 할 줄 모른다는 것은 단순히 '표현 도구'를 사용할 줄 모른다는 것이 아니라 인간의 본질을 발휘할 수 없다는 것을 의미합니다.

흥미로운 점은 하이데거가 말을 둘로 나누어 본다는 것입니다. 하나는 음성이나 글자로써 표현할 수 있는 말이고, 다른 하나는 어떤 것을 이해할 수 있게 해 주는 말입니다.

좀 더 쉽게 설명하기 위해 몇 가지 상황을 예로 들어 보겠습니다. 해외로 여행을 갔을 때, 우리는 종종 말이 통하지 않는 상황을 마주합니다. 예컨대 길을 물을 때나 음식을 주문할 때, 그 나라의 언어를 알지 못하면 우리는 그들과 소통할 수 없습니다. 여기서 통하지 않는 '말'은 음성이나 글자로써 표현되는 말에 해당합니다. 하지만 대개 외국어를 몰라도 길을 묻거나 식사를 주문하는 것이 그리 어려운 것은 아닙니다. 우리는 어떤 상황을 이해하고 어떻게든 표현함으로써 의도를 전달할 수 있기 때문입니다. 여기서 통하는 '말'은 어떤 것을 이해할 수 있게 해 주는 말입니다. 또 다른 예는 일상생활 속에서 종종 일어납니다. 예컨대 지금 스마트폰 게임에 빠져 있는 아이에게 '오늘 학교에서 어땠냐'고 묻는다면, 아이는 생각도 하지 않고 건성으로 '좋았다'고 대답할 공산이 큽니다. 반대로 친구와 놀았던 일을 자주 얘기했지만, 하나도 기억하지 못하는 엄마와 아빠는 어느 집에나 있습니다. 사실 이럴 때, 우리는 대화는 했지만 상대와 말이 통하지 않는다고 생각할 것입니다. 비록 표현된 음성은 서로 통했을지 모르지만, 어떤 것을 이해할 수 있게 해 주는 말은 서로 주고받은 적이 없었기 때문입니다.

여기서 우리는 이 두 구분을 이해하기 쉽도록 각각 겉말과 속말로 부르겠습니다. 그러니까 인간은 두 겹으로 된 말을 한다고 할 수 있습니다. 겉말은 우리가 살면서 배우고 사용할 수 있는 도구 같은 것이라면, 속말은 태어나면서 가지게 되는 것입니다. 그래서 이 속말을 인간의 지능이나 지성이라고 불렀던 것으로 간주할 수 있을는지 모릅니다. 하지만 말은 지성이 아닙니다. 다만, 지능이 없는 인간처럼 말이 없는 인간은 살 수 없다고 할 수 있을 만큼 필수적입니다. 바로 이 점이 우리가 하이데거를 통해 말과 존재의 밀접한 관련성을 주장하려는 근거입니다. 말이 없다면 우리는 사람으로 살아가기 어렵습니다.

인간은 말하는 동물이다

말이 없는 삶은 불가능합니다. 삶이란 생명체의 생존만을 말하는 것이 아닙니다. 최소한 사람으로 살기 위해서는 단순히 생명을 유지하는 것만으로 충분하지 않습니다. 육체의 생존 이상의 삶이란 세상과 함께 존재하는 것을 말합니다. 극단적으로 말해서, 내가 사는 세상이 곧 나 자신입니다. 그리고 무엇보다 나의 삶은 나의 세계를 이해하는 것에서 시작합니다. 우리 세계를 이해하기 위해서 우리는 말이 필요합니다. 왜냐하면 말은 세계를 나누고 이어 주며 보여 주기 때문입니다. 말이 세계를 여러 사물로 구분하여 그 의미를 드러내 보여 주면, 말을 할 줄 아는 우리는 세계의 여러 의미를 이해할 수 있습니다. 우리는 말로 이해된 세계를, 그리하여 우리 자신을 이해할 수 있습니다. 이렇게 이해할 수 있는 것은 속말 덕분입니다. 그렇다고 속말을 어떤 지능으로 간주하고, 이해한다는 것을 이론적인 지식을 얻는 것으로 여겨서는 안 됩니다. 오히려 그런 지식은 이미 속말로 이해된 후에 겉말이 설명한 것입니다. 속말은 겉으로 설명하기 이전에 우리에게 세계를 펼쳐서 보여 줍니다. 그래서 우리는 실제로 행동하며 살 수 있습니다.

예를 들어 캠핑을 좋아하는 나는 지금 텐트를 치려고 손에 망치를 들었습니다. 물론 나는 이 망치가 무엇인지 잘 알고 있습니다. 누가 물어보면 '망치는 어떤 것을 두드리는 도구'라고 설명할 수 있습니다. 그런데 망치를 이해한다는 것은 단지 사용 방법을 설명할 수 있다는 것만을 의미하지 않습니다. 그것은 그것을 직접 사용할 수 있다는 뜻입니다. 또한 이것은 오로지 망치 사용 방법뿐만 아니라 그것이 왜 사용되는지 이미 이해하고 있다는 뜻입니다. 다시 말해 나는 망치를 가지고 텐트의 핀을 땅에 고정할 수 있고, 땅에 잘 박힌 고정핀으로 텐트의 천막을 펼 수 있으며, 잘 쳐진 텐트 속에서 비바람을 피하여 안전하게 쉴 수 있습니다. 말하자면 속말은 망치와 그와 관련된 도구들의 가능성을 내가 처한 상황 속에서 펼쳐서 지금 내가 하는 망치질의 의미를 나에게 드러내 보여 줍니다.

이렇게 나는 캠핑에서 내가 어떤 상황인지 이해하고 있기 때문에, 망치가 없더라도 주변에 적당히 무게가 나가는 돌을 들어 망치로 사용할 수 있습니다. 다시 말해 어떤 물건을 이해한다는 것은 단지 하나의 도구를 사용할 수 있게 해 주는 것이 아니라 지금의 세계를 이해할 수 있게 해 줍니다. 덕분에 우리는 실제로 살 수 있습니다. 이처럼 산다는 것은 이미 구조화된 상황의 맥락을 알고 행동한다는 것입니다. 따라서 속말은 인간의 본질을 직접적으로 구성하는 틀 가운데 하나가 됩니다. 그렇기 때문에 말은 나라는 어떤 주체가 이미 있고 그것이 가지는 어떤 능력이나 속성이 아닙니다.

말하는 일은 우리 삶의 축이다

이처럼 속말은 세계 안의 사물들을 이렇게 저렇게 이해할 수 있도록 분류합니다. 세계 전체의 의미망에서 구체적으로 접하게 되는 사물을 '어떤 것으로서' 파악하는 것이 말입니다. 캠핑하러 간 우리는 망치를 '핀 고정 도구로서' 분류합니다. 이 말은 우리가 처한 상황을 파악하고 구조화합니다. 우리는 이것을 다시 말로 표현합니다. 달리 말해서 삶의 실천적인 차원에서 말이 있고, 밖으로 말해진 이론적 차원에서 말이 있습니다. 앞서 말했듯, 우리는 전자를 속말로, 후자를 겉말이라고 부르고 있습니다.

우리는 속말을 통해서 세계와 우리 자신의 의미를 이해합니다. 그런데 세계를 이해하고 해석하는 나는 세계와 독립적으로 떨어져 존재하는 영혼 같은 것이 아닙니다. 영화《사랑과 영혼》이나 애니메이션《소울soul》에서 보듯이, 어떤 정신적인 실체가 따로 존재해서 사람들이 살고 있는 물질적 현실 속으로 들어와서 살게 되는 것이 아닙니다. 세계가 없는 '나'라는 존재는 없습니다. 따라서 세계의 의미를 분류하고 이해한다는 것은 곧 우리 자신에 대한 이해입니다. 이렇게 속말은 우리가 존재하는 데 본질적 요소가 됩니다. 이러한 속말은 '밖으로 말해져서' 이미 해석된 세계를 소리나 글자 등으로 표현된 것의 체계를 이루게 됩니다. 그리고 이것은 마치 우리가 살면서 만나는 외부의 사물처럼 됩니다. 우리는 그것을 자연물이나 문화재처럼 취급하여 이용할 수 있고 관찰하기도 합니다. 예를 들어 우리가 학교에서 배우는 외국어가 그렇습니다. 외국어를 배운다는 것은 다른 사람들에 의해 말해진 언어 체계를 배우는 것입니다.

그렇기 때문에 두 겹의 말 전체는 소리와 문자, 그리고 행위까지 포함합니다. 속말은 단순히 언어 체계뿐만 아니라 실존적인 차원에서 일어나기 때문입니다. 따라서 두 겹의 말은 일종의 말하는 사건이라고 할 수 있습니다. 하이데거는 이렇게 발생하는 말의 네 가지 특징을 언급합니다. 첫 번째, 말은 어떤 것에 관한 것입니다. 말은 그 자체로 어떤 대상 사물을 나타냅니다. 두 번째, 말은 말해진 것 자체를 나타냅니다. 말은 소리나 글 혹은 기호로 구성된 언어적 사물이 됩니다. 세 번째, 의사소통으로서 말은 그것이 설령 독백일지라도 전달됩니다. 네 번째, 어떤 내용을 전달하는 말은 동시에 전달하는 사람도 알리게 됩니다. 즉, 말하는 사람은 말로 자기 자신을 드러냅니다. 예를 들어 내가 지금 누군가에게 '망치가 필요해'라고 말한다면, 가리키는 대상은 실제 망치라는 물체입니다. 그리고 이 말은 그

물체를 표현합니다. 이렇게 망치에 대한 설명이 담긴 진술이 전달되며, 동시에 이런 말을 하고 있는 나도 알려지게 됩니다.

무엇보다 속말이란, 세계를 분류·파악하는 것입니다. 이것은 세계 속 어떤 것을 어떤 것으로서 보여 주는 구조로 되어 있습니다. 하이데거는 언어 체계로서 겉말과 그것이 기초하고 있는 본래의 속말이 있다고 주장합니다. 그리고 이런 두 겹의 말은 네 가지 조건, 즉 대상, 진술, 전달, 그리고 화자가 어우러져 일어난다고 할 수 있습니다. 그런데 속말과 겉말의 구분을 조금은 억지스럽다고 여기는 사람들도 있을 것입니다. 혹은 여전히 이해하기 어려워하는 사람들을 위해 이런 말의 구분을 다른 이론에서 참고할 수 있도록 예를 들어 보겠습니다. 하이데거의 본래적인 속말은 언어학에서 발화를 다루는 화용론pragmatics과 비견할 수 있습니다. 이것은 언어의 의미sementics나 구문syntax을 다루는 이론과 구별됩니다. 또한, 소쉬르의 언어 구분, 즉 언어 체계로서 랑그langue와 구별되는 실질적인 언어 사용의 파롤parole을 하이데거의 속말과 비교해 볼 수도 있을 거라고 생각합니다.

결론적으로 하이데거가 말하는 말의 개념에 따라, 우리는 말이 없으면 살 수 없다고 주장합니다. 물론 밖으로 말해진 언어는 한국어, 영어처럼 그저 세계 안에 존재하는 사물로 존재하기 때문에, 그것이 없다고 우리가 사는 데 큰 문제가 생기지는 않을지도 모릅니다. 하지만 속말은 우리의 존재와 밀접하게 연관이 있기 때문에 없으면 안 됩니다. 속말은 애당초 선택의 문제가 아닙니다. 그것은 삶의 중요한 한 가지 축을 맡고 있기 때문입니다.

＊＊＊

이야기를 정리해 봅시다.

우리는 하이데거를 통해 말을 두 겹으로 나누어 보았습니다. 겉말은 음성이나 글자로 표현되는 언어 체계이고, 속말은 세계를 분류하고 이해할 수 있게 해 주는 본래적인 말입니다. 겉말은 우리가 살면서 배우는 도구에 가깝지만, 속말은 태어날 때부터 우리 존재의 일부입니다. 속말이 없다면 우리는 세계를 이해할 수 없고, 세계를 이해하지 못한다면 우리 자신도 이해할 수 없습니다. 캠핑장에서 망치를 들고 텐트를 치는 것처럼, 우리는 속말을 통해 지금 내가 처한 상황의 의미를 파악하고 실제로 행동하며 살아갑니다. 이렇게 속말은 단순한 의사소통의 수단이 아니라 우리 삶 자체를 구성하는 본질적 요소입니다. 따라서 "말이 없으면 존재할 수 없다"라는 주장은, 표현 도구로서의 겉말이 아니라 우리를 세계 속에 존재하게 해 주는 속말을 가리키는 것입니다. 결국 인간은 말하는 동물이며, 말하는 일은 우리 삶의 축이 됩니다.

- 조홍준

사람들과의 잡담

빈말Gerede

우리는 사람들과 어떤 말들을 할까?

말은 단지 귀로 들리거나 눈에 보이는 언어만은 아닙니다. 말은 본래 말을 하는 일이기 때문에 비언어적인 것도 포함할 수밖에 없습니다. 무의식적 표정이나 행동 같은 것도 말이라고 할 수 있습니다. 이뿐만 아니라, 말은 드러나지 않지만 우리가 표정이나 행동을 하도록 도와주는 역할을 합니다. 따라서 세계를 이해할 수 있도록 하는 말은 우리에게 매우 본질적인 요소입니다. 우리는 삶에 따라 다른 말을 하기도 하고 말에 따라 다른 삶을 살기도 합니다.

일상적 삶 속에서 우리는 당장 눈앞의 일이나 어떤 사물에 몰입해서 살아갑니다. 하이데거는 이러한 우리의 일상적 삶의 방식이 전부는 아니라고 합니다. 엄밀하게 말하면 일상은 마치 우리가 아닌 다른 사람처럼 사는 것과 같습니다. 왜냐하면 일상에서 우리는 의식하든 의식하지 않든 여론을 좇고 사람들을 모방하기 때문입니다. 추운 겨울 거리에서 마주치는 사람들을 보면, 마치 유니폼처럼 하나같이 똑같은 유명 브랜드 옷을 입고 다니는 것을 쉽게 볼 수 있습니다. 그러나 하이데거가 이렇게 우리 삶의 일상성을 언급하는 것은 그것이 문제라서가 아닙니다. 그는 그것을 비난하지 않습니다. 모든 사람은 예외 없이 그렇게 살아갈 뿐입니다. 대개 우리는 자신의 방식보다 사람들의 방식을 따르며 세계에 빠져 살아갑니다. 다르게 말하면, 이렇게 존재하는 우리는 자기 자신을 잃어버린 상태입니다.

자신을 잃어버린 상태라는 것은 단순히 '자신도 모르게' 유행을 따르는 수준의 얘기가 아닙니다. 가끔 우리는 자기 자신으로 사는 것을 '일부러' 외면하기도 합니다. 자기가 무엇을 좋아하는지 무엇을 하고 싶은지 알지 못한 채, 혹은 사람들이 선호하는 직업을 자신의 꿈인 양 착각하는 경우가 있습니다. 이렇게 사람들의 말에 따라 사는 그들은 자신의 선택권을 다른 사람들에게 넘겨준 셈입니다. 그런데 이들은 어쩌면 자신의 자유로운 권리를 넘겨준 대신 부담스러운 책임이나 불안한 삶을 피할 수 있을지도 모릅니다. 심지어 아예 자신이 누구인지 판단하는 것도 다른 사람들에 따라 결정하기도 합니다.

그러나 이런 삶은 의도적이건 비의도적이건 자기만의 방식에서 벗어난 것입니다. 그렇기에 하이데거는 이것을 부정적으로 표현합니다. 하지만, 그렇다고 이것을 완전히 제거하거나 피할 수 있다고 말하는 것은 아닙니다. 오히려 이러한 일상적인 삶의 양식은 삶 전체가 고스란히 자기 자신에게 달려 있다는 사실을 깨닫게 하는 계기가 되기도 합니다. 즉, 다른 사람처럼 사는 것도 결국 자기 자신 때문이라는 것을 알게 됩니다.

빈말은 어떻게 생겨나는 걸까?

영화 《예스터데이》에서 주인공 잭은 어느 날 자신을 제외한 모든 사람이 비틀스와 그들의 음악을 모른다는 사실을 깨닫습니다. 언제나 유명 가수를 동경했던 그는 비틀스의 노래를 자기 것으로 발표하고 돈과 명예를 얻게 됩니다. 그러나 그는 음악 천재라는 사람들의 찬사에 항상 괴로움을 느낍니다. 자신은 비틀스가 아니기 때문입니다. 무엇보다 자기 노래를 좋아해 주던 친구가 있는 진짜 자기 자신으로 살지 못해 불안해합니다. 결국 이런 불안 속에서 양심에 따라 자신의 노래가 표절임을 밝히고, 소박하지만 진실한 자기 삶을 찾게 됩니다. 이렇게 그는 비본래적인 삶을 통해서 본래의 자기 삶을 찾아갑니다.

우리는 누구나 대개 다른 사람처럼 삽니다. 주인공 잭은 '나쁜 사람'이 아닙니다. 그는 그저 평범한 사람일 뿐입니다. 그런데 우리의 그런 평범함은 영화에서처럼 우리 자신이 누구인지 깨닫게 해 주는 계기가 되기도 합니다.

하이데거는 이때의 우리 삶은 빈말Gerede로 이루어진다고 합니다. 이는 애매한 호기심에 빠져 남들이 하는 말을 그대로 옮기는 것을 의미합니다. 한번은 하이데거가 아리스토텔레스의 인간에 대한 정의인 '로고스를 가진 생명체zōon logon echon'를 표현하기 위해 조금은 특이한 예시를 든 적이 있습니다. '인간은 신문을 읽는 생명체이다.' 여기서 우리는 일상적인 우리의 빈말 혹은 빈 글의 의미를 찾을 수 있습니다. 하이데거가 생각하는 말이란, 단지 자연스럽게 생겨서 인간이라면 모두 각자 스스로 사용할 줄 아는 능력이 아닙니다. 말은 빈말처럼 우선 사회에서 형성된 사고방식을 통해 비본래적으로 세계를 살도록 하는 방식입니다.

　하이데거의 인간에 대한 흥미로운 해석은 빈말의 개념을 다양하게 이해할 가능성을 보여 줍니다. 즉, 신문과 같은 매체를 읽고 쓰는 것처럼 빈말은 다양한 분야에 적용될 수 있습니다. 남들이 부러워하거나 좋아할 만한 자신의 일상을 인터넷상에서 보여 주는 것, 유행처럼 누군가의 춤을 따라 추거나 노래를 따라 부르는 것, 사람들에게 인기가 많은 음식이나 식당을 방문하고 소개하는 것처럼, 그것에 대한 자신만의 생각도 없이 그저 똑같이 반복하는 것은 모두 빈 글, 빈말 혹은 헛된 행위가 됩니다. 요즘은 주로 인터넷 동영상 플랫폼에서 이런 의미 없이 반복되는 빈말과 헛된 행위를 찾아볼 수 있습니다. 많은 사람이 특별한 이유나 근거도 없이 다른 사람들이 하는 말과 행동, 유행을 좇아, 아까운 열정을 쏟고 있습니다. 그런데 사실 객관적이고 신뢰할 만하다고 생각하는 과학에도, 심지어 철학 분야에도 그런 식의 빈말은 존재할 수 있습니다. 즉, 대상을 충분히 검증하지 못하여 그 진리성을 확보하지 못한 상태에서, 진실함을 담지 않고 단순히 반복하고 있다면, 일상 문화에서든 학문적 영역에서든 빈말은 항상 생겨납니다. 그렇다면 이런 빈말의 조건은 무엇일까요? 빈말은 어떻게 생겨나는 것일까요?

　어떤 말은 그 대상과 직접적인 연관성 없이 누구나 이해할 수 있다는 것만으로 널리 퍼뜨려질 수 있습니다. 예를 들어 유명인의 죽음에 관한 루머가 있습니다. 가장 유명한 것 중 하나가 비틀스 멤버인 폴 매카트니의 죽음(Paul Death Hoax)일 것입니다. 그는 이미 1966년에 자동차 사고로 사망했지만, 그와 똑같이 생긴 사람이 대신 활동하고 있다는 루머로, 수십 년간 사람들의 입에 오르내리고 있습니다. 매카트니는 2020년 12월 그의 18번째 솔로 앨범을 발표했고, 2023년에는 책도 출간한 바 있습니다.

　하이데거는 빈말이 '이야기되고 있는 대상'과 관련 없거나 그것을 자기 것으로 만들지 못한 채 '말해진 언어'와 '함께 나누어진 말'을 모방하고 있다고 말합니다. 구조적으로 보자면 말의 네 가지 특징 중에서 빈말은 두 가지만 포함할 뿐입니다. 온전한 말이라면, 말하는 대상, 표현된 말 자체, 내용 전달, 그리고 말하는 사람 자신 등 네 가지 요소를 갖추고 있습니다. 그런데 첫 번째 말의 대상과 네 번째 화자의 존재가 생략되고, 두 번째 표현된 말과 세 번째 전달만 일어날 때, 이 말은 참된 말이 되지 못합니다. 말이 담고 있는 대상의 진리와 말하는 사람의 진실이 빠진 채, 전달만 일어난다면 결국 빈말이 생기는 겁니다.

우리는 양심의 소리를 들어야 한다

빈말이란, 말의 본질이 부족한 말이라고 볼 수 있습니다. 하지만 이런 결핍된 말의 개념은 거짓이거나 부정적이긴 하지만 처음부터 완전히 배제해야 할 '나쁜 말'은 아닙니다. 우리는 우선 대개 빈말을 통해 평균적으로 살아갈 수밖에 없기 때문입니다. 그래서 그것은 참된 말을 찾아가는 출발점이 됩니다. 하이데거는 우리가 이런 빈말의 이해 속에서 자신을 이해하고 거기에서 성장한다고 말합니다. 그렇기 때문에 우리는 모든 진정한 이해를 이런 일상적 말의 해석에서부터 시작해야 합니다. 빈말을 하는 인간이야말로 말이 품고 있는 진리를 찾고, 그 자신의 상황을 진실로 말할 수 있습니다.

그렇다면 어떻게 빈말에서 참된 말을 할 수 있게 될까요? 하이데거는 참된 말을 하기 위해서는 잘 들어야 한다고 말합니다. 이것은 생리적으로도 마찬가지입니다. 말하기 위해서는 들을 수 있어야 합니다. 실어증과 같은 특별한 경우가 아니라면, 말한다는 것에는 들을 수 있다는 전제가 깔려 있습니다. 그리고 '돼지 눈에는 돼지만 보이고, 부처 눈에는 부처만 보인다'라는 격언처럼, 어떤 것을 듣냐에 따라 그 말하는 내용도 달라집니다. 사람들의 말에만 귀를 기울이는 이는 그들의 말(빈말)을 하게 됩니다. 그러므로 참말을 하기 위해서는 무엇보다 들을 수 있어야 하고, 그것도 사람들의 말이 아닌 자신의 고유한 말을 들어야 합니다.

하이데거는 이렇게 우리가 듣게 되는 소리를 양심이라고 합니다. 참된 말을 하기 위해 우리는 자기의 말을 들어야 합니다. 앞서 영화 《예스터데이》의 잭이 양심의 가책을 느껴 진실을 고백한 것도 그런 이유에서입니다. 물론 하이데거의 양심은 도덕적인 기준을 제시하는 마음이 아닙니다. 그것은 사람들 속에 휩쓸려 살아가는 우리에게 더 이상 그렇게 살지 말고 우리 자신이 되기를 요구하는 소리입니다. 그런데 이런 양심에 관한 하이데거의 의견은 흥미로운 점을 지적합니다. 하이데거는 양심에 따르는 것을 '자신 안에 지니고 있는 친구의 목소리를 듣는다'라고 표현합니다. 양심은 내 안의 친구 같은 것입니다. 그런데 그 친구는 소리를 내지 않는다고 합니다. 양심의 소리는 침묵입니다. 따라서 이 '소리'를 듣기 위해서는 빈말의 소란스러움에 빠져 있던 우리도 침묵해야 합니다. 이런 침묵 속에서야 비로소 양심의 소리를 들을 수 있습니다.

자고로 인간의 양심이란 신비로운 존재가 아닐 수 없습니다. 인간 안에서 발견되는 신의 말씀이라고 할 수도 있고, 살면서 생기는 우리의 도덕의식이라고 할 수도 있습니다. 하지만, 하이데거의 '내면의 친구'라는 표현은 우리가 친구의 말을 자주 외면하듯, 쉽게 양심을 저버리는 이유를 더 잘 설명해 주고 있는 듯합니다.

이야기를 정리해 봅시다.

우리는 일상에서 대개 다른 사람들처럼 살아갑니다. 유행을 따르고 여론을 좇으며 자기 자신을 잃어버린 채 살아가는 것입니다. 하이데거는 이런 일상적 삶이 빈말로 이루어진다고 말합니다. 빈말이란 말의 네 가지 요소 중에서 대상과 화자가 빠진 채, 표현된 말과 전달만 남은 것입니다. 따라서 진리를 담지 못하고 그저 반복되고 모방하는 말입니다. 그러나 하이데거는 빈말을 완전히 부정하지는 않습니다. 오히려 빈말은 참된 말을 찾아가는 출발점이 됩니다. 영화《예스터데이》의 잭이 비본래적 삶을 통해 본래의 자기 삶을 찾았듯이, 우리도 빈말에서 시작해 참된 말로 나아갈 수 있습니다. 그러기 위해서는 양심의 소리를 들어야 합니다. 양심은 침묵의 소리이며 내 안의 친구와 같습니다. 빈말의 소란스러움 속에서 침묵할 때, 우리는 비로소 사람들의 말이 아닌 고유한 자신의 말을 들을 수 있고, 참된 말을 할 수 있게 됩니다.

- 조홍준

존재와 언어

언어 Sprache

언어는 우선 표현의 도구이다

언어는 우리에게 중요합니다. 문제 해결, 교육, 예술, 지식 등에서 언어는 핵심적인 구실을 합니다. 우선, 어떤 사회적 문제가 생겼을 때 가장 필요한 것은 언어입니다. 예를 들어 회사에서 팀 프로젝트가 어떤 문제에 빠졌을 때, 그것을 극복하기 위해 팀원들은 서로 토론하고 전략을 세웁니다. 또는 다른 회사와의 교섭이나 사업 거래 조건에 대한 논의 등 다양한 문제 상황에서 언어는 협상의 도구로 사용됩니다. 사람들은 설득력 있는 언어를 통해 합의에 도달하고 갈등을 효과적으로 해결할 수 있습니다. 다음으로, 언어는 가르치고 배우는 과정의 기초입니다. 교사는 개념을 설명하고 기준을 제시하며 학생들을 토론에 참여시키기 위해 언어를 사용합니다. 마찬가지로, 학생들은 언어를 사용하여 질문하고, 설명을 구하며,

학습 자료에 대한 이해도를 보여 줍니다. 그리고 작가나 음악가와 같은 예술가는 언어를 활용하여 예술작품을 창작합니다. 그들은 시, 문학, 노래 가사 및 다른 창의적인 표현들로 감정을 전달하고, 이미지를 불러일으키며, 감상자를 사로잡고 영감을 줍니다. 마지막으로 언어를 통해 인간은 자기 경험을 문서화하고, 역사적 사건을 기록하며, 미래 세대를 위해 지식을 보존합니다. 상형문자를 석판에 새긴 고대 문명으로부터 디지털 아카이브에 정보를 저장하는 현대에 이르기까지, 언어는 시간과 공간을 초월하여 문화유산을 전달하는 도구 역할을 해 왔습니다.

　　언어가 이렇게 사용될 수 있는 것은 무엇보다 표현이라는 언어의 고유한 특성 때문입니다. 사물을 나타내는 단어에는 이름과 의미가 있습니다. '사과'라는 이름에는 먹을 수 있는 빨갛고 둥근 과일이라는 뜻이 있습니다. 언어는 이렇게 사물만 나타내는 것이 아니라, 우리의 감정도 표현합니다. '미안하다, 좋아한다' 등의 감정도 말로 표현합니다. 좀 더 고차원적으로는 이야기, 시, 노래 등의 예술적인 표현도 언어로 인해 가능합니다. 이것은 언어가 단지 말이나 글이 아니라 사물, 행동, 감정과 생각을 상징하는 기호이기 때문입니다. 언어는 이렇듯 다른 사람과 의사소통할 때 필요한 갖가지 도구가 갖춰진 만능 도구 상자 같습니다.

　　일반적으로 언어는 우리가 이해할 수 있도록 사물을 표현하는 매개체라고 생각됩니다. 그렇기 때문에 우리는 언어가 표현되는 것들과 분리되어 있다고 믿습니다. 우리의 이름을 생각해 봅시다. 태어나면서 자기 이마에 '나는 홍길동'이라고 씌어 있던 사람은 없을 것입니다. 이름은 대개 부모가 임의로 지어 줍니다. 심지어 성인이 되어 이런저런 이유로 자기 이름을 바꾸기도 합니다. 이렇게 언어는 필요 때문에 만들어진 표현 도구처럼 보입니다. 그러나 언어가 단지 표현 수단인 것만은 아닙니다. 그것은 우리 삶의 본질적인 요인이기도 합니다. 이런 본래적 언어를 설명하기 위해 하이데거는 『존재와 시간』에서 표현 언어와 말을 구별합니다. 그리고 말이 언어의 기초라고 주장합니다. 우리는 앞서 이것을 겉말(언어)과 속말이라고 불렀습니다. 이 속말을 포함하는 언어 자체는 우리 인간이 존재하는 데 필수적인 요인입니다. 우리가 사람들과 잡담하거나 자기 안의 친구와 진정한 대화를 나누는 것은 이런 언어가 없다면 불가능합니다. 이런 의미에서 아리스토텔레스의 인간 규정, '로고스를 가진 생명체'는 '대화하는 생명체'로 다시 해석할 수 있습니다.

언어의 본질은 세계와 무슨 관련이 있을까?

초기 하이데거에서 말은 세계와 불가분 관계에 있는 우리 인간의 본질입니다. 말은 세계를 펼쳐 보이게 함으로써 남들처럼, 혹은 자기 자신으로 살 수 있게 해 줍니다. 한마디로 말은 우리가 존재하는 데 필수 요인입니다. 이렇게 말이 우리 존재의 필연적 조건이라는 사실은 우리의 경험과 말의 우선순위를 보면 알 수 있습니다. 우리는 흔히 경험 후에 그것을 말로 표현한다고 생각하지만, 오히려 경험보다 말이 먼저입니다. 왜냐하면 우리는 말이 분명하게 보이게 해 준 사물만을 보고 들을 수 있기 때문입니다.

예를 들어 우리가 듣는 것은 그저 공기의 진동 같은 것이 아닙니다. 밤늦게 집에 가는 골목길에서 등 뒤로 들리는 것은 '어떤 사람의 발소리'거나 '오토바이 엔진음'입니다. 우리는 이렇게 말로 분명해진 것들에 대해서만 들을 수 있습니다. 물론 어떤 것인지 정체를 알 수 없는 것의 소리도 들을 수 있습니다. 그러나 그것 역시 말로 의미 부여된 '어떤 것'의 소리입니다. 즉, 우리는 '무엇인지 특정할 수 없는 것'이라고 이름 붙여진 것의 소리를 듣습니다.

이것은 마치 UFO를 목격하는 것과 같습니다. 흔히 UFO를 봤다고 하면 '외계인의 비행선'을 본 것으로 착각합니다. 그런데 사실 우리는 특정되지 않은 미확인 비행 물체(UFO)를 본 것뿐입니다. '무엇인지 확인할 수 없다'고 규정된 것만을 우리가 본다는 것입니다. 거꾸로 말하면, 우리는 UFO처럼 '특정할 수 없다고 하는 규정'으로도 규정하지 못하는 것을 볼 수는 없습니다. 어떤 말로든 구별되어야지 그것을 볼 수 있고, 또 그것을 봤다고 말할 수 있습니다.

따라서 우리의 세계 경험은 말을 전제할 수밖에 없습니다. 그리고 이 말은 밖으로 드러나면서 우리가 겉말이라고 불렀던 언어가 됩니다. 하이데거는 전기에 이렇게 말과 언어를 구분하였습니다. 하지만 후기에는 말과 언어를 구별하지 않고 모두 언어라고 합니다. 이런 변화에는 여러 가지 이유가 있겠지만, 무엇보다 언어에 '인간의 말' 이상의 의미를 부여하고 싶었기 때문입니다. 그러므로 하이데거가 말하는 언어의 본질을 알기 위해서 사전이나 문법책을 뒤지는 것은 좋은 방법이 아닐 것입니다. 왜냐하면 하이데거가 생각하는 언어의 근원은 언어를 특정한 대상 영역, 단순한 표현 수단 혹은 생각의 부산물로 여기는 곳에서는 찾을 수 없기 때문입니다. 그러므로 언어의 정체, 그 본질을 알고자 하는 노력은 우리에게 세계를 경험시켜 줄 수 있는 원초적 언어의 힘이 발휘되는 곳으로 향해야 합니다. 하이데거는 이런 근원적 언어의 한 형태로 '시적 언어'를 제시합니다.

시적 언어는 스스로 말한다

하이데거의 조언에 따라, 언어의 본질을 알기 위해서 우리는 시적 언어를 살펴봐야 합니다. 여기서 시적 언어라는 것은 우리가 흔히 알고 있는 시에서 표현되는 언어만을 가리키는 것이 아닙니다. 시적 언어는 일상적 언어와 구별되는데, 일상 언어가 누군가가 말하고 다른 사람이 듣고 따라 하듯 전달과 소통이 목적이라면, 시적 언어는 사람들이 아니라, 언어 그 자체에 의해 말해지는 것입니다. 하이데거가 볼 때, 원래 언어는 인간이 필요해서 사용하는 것이 아니라, 오히려 언어가 인간을 필요로 합니다. 그리고 이런 시적 언어는 이미 존재하는 대상이나 감정을 단순히 표현한 것이 아닙니다. 언어가 말할 때, 우리는 피상적인 일상 언어에서는 할 수 없었던 경험을 합니다.

"금성 라디오 A 504를 맑게 개인 가을날/ 일수로 사들여 온 것처럼/ 500원인가를 깎아서 일수로 사들여 온 것처럼/ 그만큼 손쉽게/ 내 몸과 내 노래는 타락했다."(「금성 라디오」, 1966) 시인 김수영은 일상의 물건을 소재로 자신의 삶의 모습과 당시 세상을 보여 줍니다. 언어는 하나의 '몸짓'에 지나지 않는 사물에 의미를 부여하고 하나의 세계를 존재하도록 합니다. 세계는 언어에 의해 압도되고 변화합니다. 시인 김춘수가 '이름을 부르자 존재하며 다가온 꽃'을 말하듯이, 우리도 시적 언어로 어떤 것이 존재하는 경험을 하게 됩니다.

그런데 이런 의문이 생길 수 있습니다. 시적 언어도 결국 시인이 창작한 것이 아닌가? 결국 시어도 시인의 생각을 전하는 도구라는 의심이 들 수 있습니다. 확실히 시는 시인에 의해 창작됩니다. 그러나 분명한 것은 시인이 언어를 창조하지는 않는다는 것입니다. 시인은 언어가 말하는 것을 듣는 방식으로 말할 뿐입니다. 시인은 세계 존재 경험을 가져오는 언어의 부름을 듣는 사람입니다. 그는 세계를 창작하는 창조자가 아닙니다. 그런데 자신을 위해 시인을 부리는 것처럼 보이는 언어도 어떤 절대적 존재가 될 수는 없습니다. 왜냐하면, 만약에 듣고 말하는 인간이 없다면, 시도 말할 수 없기 때문입니다. 듣고 말하는 인간이 있기에 언어는 세계에 의미를 부여하고 세계를 창조할 수 있습니다.

언어는 세계를 창조한다

언어는 세계를 창조합니다. 앞서 언어는 어떤 절대자가 아니라고 했지만, 창조라는 말은 왠지 신을 연상시킵니다. 여기서 창조라는 말은 언어가 사물을 존재하게 한다는 말입니다. 다르게 말해서 언어는 스스로 말하면서 우리에게 보이지 않는 것을 보여 줍니다. 그런데 언어는 말하지 않는, 아직 보이지 않는 것뿐만 아니라 보일 수 없는 것까지 말합니다. 나타나고 사라지는 세계의 모든 사물은 이런 보여 주는 말함에 의해 존재하게 됩니다. 이런 언어의 본질을 나타내기 위해 하이데거는 언어를 Sage라고 부릅니다. 시적 언어는 이런 언어의 본질을 잘 구현한 하나의 형태라고 할 수 있습니다. 여기서 Sage는 사전적인 뜻(속담, 격언, 우화, 전설 등 오래되고 잘 알려진 말)과는 달리 '존재의 말'을 가리킵니다. 그것은 세계를 보여 준다는 의미입니다.

그렇다면 어떻게 세계를 보여 준다는 것일까요? 하이데거에 따르면, 이 본질적인 언어가 하늘과 대지, 신적인 것들과 죽을 자들이라는 세계의 요인들을 부르고 모아 세계를 존재하게 합니다. 그리하여 그것은 세계를 구성하는 요인들을 모으는 관계 그 자체를 가리킵니다. 언어는 하나의 세계가 생기도록 그것의 요인들을 서로 나누고 잇는 매개가 됩니다. 따라서 언어는 사물이 생기는 장소라고 할 수 있습니다.

예를 들어 우리는 누구나 학교에 다녔거나 다니고 있습니다. 그런데 '내가 학교에 다닌다'고 했을 때, 학교는 무엇을 의미할까요? 그것은 운동장과 건물 또는 교실의 칠판과 책걸상이 있는 곳(대지)이면서 매 학년과 학기와 방학, 그리고 수업이 있는 곳(하늘)입니다. 매년 입학하고 졸업하는 학생과 선생님(죽을 자들)이 생활하면서 다양한 지식이나 학문적 진리와 삶의 지혜(신적인 것들)를 배우기 위해 모이는 곳이기도 합니다. 이렇게 학교라는 말에는 네 겹의 요인들이 구별되고 모여 하나의 세계를 형성하고 있습니다. 이러한 언어의 힘을 더욱 분명하게 이해할 수 있는 것이 '헌법'입니다. 대한민국은 신이나 왕이 아니라 헌법에 의해 통치되는 헌정주의를 따릅니다. 국가가 헌법에 의해 존재한다는 뜻입니다. 헌법은 국가의 이념을 비롯하여 국민의 권리와 의무, 정부 조직, 경제 질서를 규정합니다. 그렇게 대한민국은 언어로 규정되어 존재합니다.

어떤 것이 어떻게 생겨서 존재하는지 살펴보는 것은 하이데거에게 중요한 과제입니다. 소위 존재라는 말은 역사와 인간이 서로 개방되고 어우러져 세계가 되는 관계 자체를 위한 명칭입니다. 이러한 존재의 사건은 언어를 통해서 일어납니다. 그러니까 언어는 그저 보이는 글자나 들리는 음성만이 아닙니다. 우리는 그것이 어떤 사물과 세상이 존재하도록 보여주는 식으로 세계 존재를 경험합니다. 이때의 언어는 모든 것을 눈앞에 펼쳐 보이듯 설명하지 않습니다. 나타났다가 사라지고 보이는 것만큼 보이지 않는 존재하는 것들의 체험 속에서 우리는 조용히 듣습니다. 그리고 침묵으로 응답합니다. 이렇듯 언어와 화자가 서로 부르고 응답하며, 언어는 존재를 보호합니다. 마치 언어와 화자가 거주하는 곳에 존재가 사는 것과 같습니다. 따라서 언어가 존재의 집이라면, 우리는 이제 집을 짓는 건축가로 비유될 수 있습니다.

결론적으로 말해서, 하이데거의 언어는 존재가 스스로 하는 말입니다. 예를 들어 언어는 시인을 통해 존재를 나타내고 보존합니다. 하이데거는『형이상학 입문』에서 존재에 대한 질문이 언어에 대한 질문과 가장 밀접하게 얽혀 있다고 말합니다. 철학에서 존재론은 결국 '존재를 말로 표현하려는 부단한 노력'일 뿐입니다. 따라서 언어에 대해 남겨진 우리의 궁금증은 자연스럽게 존재 물음으로 넘어가야 할 것입니다.

* * *

이야기를 정리해 봅시다.

언어는 문제 해결, 교육, 예술, 지식 전달 등에 사용되는 표현의 도구처럼 보입니다. 그러나 하이데거는 언어가 단순한 도구를 넘어 우리 존재의 본질적 요인이라고 말합니다. 초기에 그는 말과 언어를 구분했지만, 후기에는 이를 통합하여 언어의 근원적 의미를 강조합니다. 언어의 본질을 이해하기 위해서는 시적 언어를 살펴봐야 합니다. 시적 언어는 인간이 필요해서 사용하는 것이 아니라 언어 그 자체가 스스로 말하는 것입니다. 김수영의 「금성 라디오」나 김춘수의 「꽃」처럼, 시적 언어는 일상의 사물에 의미를 부여하고 세계를 존재하게 합니다. 언어는 하늘과 대지, 신적인 것들과 죽을 자들을 부르고 모아 세계를 창조합니다. 학교나 헌법이라는 말 속에 네 겹의 요인들이 구별되고 모여 하나의 세계를 형성하듯이, 언어는 사물이 생기는 장소가 됩니다. 따라서 언어는 존재의 집이며, 우리는 그 집을 짓는 건축가입니다. 결국 언어에 대한 물음은 존재에 대한 물음과 가장 밀접하게 얽혀 있습니다.

- 조홍준

'나'라는 존재의 정체

세계-내-존재 In-der-Welt-sein

몸이 바뀌어도 나는 '나'일까?

2017년, 한국에서 개봉해 선풍적인 인기를 끌었던 일본의 애니메이션 영화 《너의 이름은》에서는 서로 몸이 뒤바뀌는 소년과 소녀의 이야기가 나옵니다. 그리고 우리는 이런 이야기를 매우 자연스럽게 받아들입니다. 이는 우리가 우리 자신을 이해하는 흔한 방식, 곧 우리의 통상적 자아관을 반영하기 때문입니다. 우리의 통상적 자아관에 따르면 나는 '몸 안에 들어 있는 무언가'예요. 과거에는 가슴 속에 있는 무언가로 이해되었다면 이제는 아마 뇌 속에 있는 무언가로 이해되겠죠. 그것을 영혼이라고 부르든, 의식이라고 부르든, 우리는 우리 자신을 몸 안에 들어 있는 어떤 실체로 은연중에 생각하기 때문에 누군가가 자기 몸에서 남의 몸으로 들어가 버린다는 황당한 이야기도 즐길 수 있는 겁니다.

나는 생각한다. 고로 … 존재할까?

　이는 곧 우리가 '우리'와 우리의 몸을 구분하여 생각한다는 것을 의미합니다. 그리고 이러한 생각의 대표 주자로 널리 알려진 것이 바로 르네 데카르트입니다. 데카르트는 근대 철학의 아버지라고 불리는 사람이지요. 그의 철학은 오늘날 우리에게 친숙한 '몸(또는 뇌) 속의 나'라는 발상의 철학적 기원이라고 할 만합니다. 그에 따르면 세상에 존재하는 것들은 두 부류로 나뉩니다. 보고 만질 수 있는 물체들, 그리고 그러한 물체들을 감각하고 생각하는 영혼들로 말입니다. 물론 몸은 물체에 속합니다. 하지만 인간의 핵심은 몸이 아니라 생각하는 능력, 곧 영혼에 있지요. '나란 누구인가'라는 물음에 대한 답변은 몸이 아니라 영혼에서 찾아야 한다는 말입니다. 이처럼 존재하는 것들을 두 부류로 나누는 데카르트의 입장을 심신이원론이라고도 부릅니다.

　하지만 데카르트의 심신이원론으로부터는 많은 철학적 문제가 발생합니다. 여기에서는 그 가운데 한 가지 문제에만 집중해 봅시다. 만일 우리가 몸 또는 뇌 속에 기거하고 있다면 우리는 어떻게 이 세상을 접할 수 있을까요? 이 세상을 접하는 것, 곧 이 세계가 이러저러하다는 사실을 아는 것이 어떻게 가능할까요? 우리가 생각하는 능력으로서 순전한 의식이라면, 더욱이 그 의식이 몸 안에 머물러 있다면, 의식이 어떻게 그로부터 빠져나와 저 세계에 다다를 수 있다는 것인지가 이해하기 어렵습니다. 이러한 난제를 철학자들은 '외부세계 문제'라고 불렀습니다. 데카르트 이래 많은 철학자가 의식이 어떻게 자기 외부의 세계에 도달할 수 있는지를 설명하기 위해 씨름하였지만, 서로 열심히 갑론을박을 벌였을 뿐 만족스러운 답을 구할 수는 없었습니다. 칸트와 같은 철학자는 이 모든 논쟁을 훑

어보면서 외부세계의 문제를 해결하지 못하는 철학계의 실태를 아쉬워하고 그 문제를 '철학적 스캔들'이라고도 불렀습니다.

그런데 하이데거는 완전히 색다른 발상을 제안합니다. 그에 따르면 진짜 스캔들은 외부세계의 문제를 그토록 오래 해결하지 못했던 데 있지 않습니다. 오히려 스캔들은 그 문제를 해결이 필요한 진지한 문제로 받아들였다는 데 있습니다. 의식과 별개로 외부세계가 존재함을 증명해야 한다는 믿음에는 우리 자신의 존재에 대한 뿌리 깊은 존재론적 오해가 깔려 있다는 겁니다. 그러한 오해를 파악하고 나면 외부세계 문제란 가짜 문제로 해소됩니다. 즉, 그 문제는 적절한 답변으로 해결될 수 있는 것이 아니라 애초에 잘못된 전제로부터 제기된 잘못된 문제였다는 뜻입니다.

우리와 세계는 정말 별개일까?

그 뿌리 깊은 오해에 따르면, 우리는 데카르트적인 자아, 곧 순수하게 생각하는 자아입니다. 그리고 우리는 우리 생각의 대상이 되는 외부세계의 실체들로 둘러싸여 있습니다. 그 두 종류의 실체는 서로 다른 존재 영역을 형성합니다. 외부세계 문제란 바로 이 두 실체, 주체와 객체 또는 심적인 것과 물적인 것이라는 대립된 존재 양식이 어떻게 만날 수 있는가에 대한 문제입니다.

외부세계 문제에서 주체와 객체는 각기 따로 존립하는 이질적인 두 개의 항처럼 묘사됩니다. 예컨대, 한편에는 생각하는 '나'가 있고 반대편에는 내가 바라보는 풍경, 내가 들고 있는 스마트폰 등 대상이 되는 객체가 있다는 식입니다. 그리고 이 주체에서 객체로의 이행이 어떻게 가능할지를 묻습니다. 실재에 대한 객관적인 사실의 인식이란 바로 그러한 이행에서 이루어질 수 있으므로 그 이행이 어떻게 가능한지가 해명되어야만 한다는 겁니다. 여기서 인식의 주체는 사유 능력을 실행하는 자아일 뿐입니다. 주체는 자기 생각 속에 머뭅니다. 주체는 자신의 의식 속에 거주합니다. 다른 사물(곧 객체)과의 관계란 주체의 존재에 부수적으로 덧붙을 뿐입니다. 주체는 이 사물이나 저 사물을 인식할 수도 있고 반대로 어떤 사물도 인식하지 않고 홀로 머물 수도 있습니다. 객체와의 관계는 주체의 존재를 구성하는 필수 성분이 아닙니다. 주체는 먼저 홀로 독자적으로 존립하고 나중에 인식을 통해서 객체의 정보를 바깥에서 취해 온다는 식입니다. 마치 촉수를 바깥으로 뻗어 먹이를 챙기고 자기 껍질로 되돌아오는 조개처럼 말입니다.

이와 같은 믿음은 비단 근대 철학자들에게만 유행했던 것이 아닙니다. 우리 존재의 핵심이 뇌 속에 놓인다는 현대인들의 흔한 믿음에도 역시 주체와 객체의 이분법이 아로새겨져 있습니다. 우리 각자가, 또는 우리 자아가 곧 뇌라는 믿음에서 출발할 때, 우리는 우리 자신의 존재를 원칙적으로 다른 존재자와 무관한 것으로 간주합니다. 다른 존재자 또는 객체와의 관계는 뇌의 존재에 첨가될 수 있는 별도의 것일 뿐입니다.

우리는 세계와 따로 존재하지 않는다

하이데거는 그런 모든 믿음이 우리 자신의 존재에 대한 뿌리 깊은 오해임을 보이고자 합니다. 이를 위해 그가 제시한 개념이 바로 그 유명한 세계-내-존재입니다. 의식, 자아, 주체, 뇌와 같은 개념에는 불가피하게 그것이 원칙적으로 다른 존재자와의 관계가 없이도 존재할 수 있다는 생각이 따라붙습니다. 물론 그런 개념들을 제시하는 어느 철학자든 의식이나 뇌가 다른 존재자와 실제로 언제나 많은 관계를 맺고 있음을 잘 알고 기꺼이 인정합니다. 하지만 '의식(또는 주체 또는 뇌)이 존재한다'라는 말이 그 자체로 이미 그것이 다른 존재자와의 관계 속에 있다는 뜻이라고 생각하지는 않습니다. 그런 관계는 의식이 일단 존재한 다음에나 추가로 생각될 수 있는 것입니다.

하지만 하이데거에 따르면, 우리 존재의 근본은 그렇게 순수하게 홀로 떨어진 의식이나 주체가 아닙니다. 우리는 철두철미 다른 존재자와의 연관 속에서만 존재합니다. 그러한 연관은 단순히 우리 존재에 부가되는 것이 아니라 우리 존재의 근간을 이룹니다. 하이데거는 우리 각자가 존재자와의 연관 속으로 "산재해" 있다고도 표현합니다. 수많은 존재자와의 다양한 관계 방식 자체가 우리 각각의 존재를 그때그때 구성합니다. 우리는 그렇게 산재해 들어가 있는 존재자들과의 연관과 별도로 생각될 수 있는 무언가가 아닙니다. 그런 연관을 맺고 있는 별개의 실체를 상정하는 순간 우리는 우리 자신의 존재를 곡해하게 된다는 겁니다. 무수한 존재자와의 존재 연관 속에 있음이 곧 세계-내-존재입니다.

세계-내-존재로서 우리 자신을 이해하는 순간, 우리가 외부세계의 문제를 제기한다는 것은 터무니없는 일이 됩니다. 세계는 도대체 우리 '외부에' 있을 수가 없기 때문입니다. '우리가 존재한다'라는 말은 그 자체로 이미 우리가 세계에 걸쳐져 있음을 뜻합니다. 세계 속에서 거주함이 우리 존재의 본질이라는 겁니다.

세계 "안에" 있다는 것의 의미는 무엇일까?

우리는 세계-내-존재입니다. 우리가 세계 '안에' 있다는 말은 어쩌면 자명하게 들릴지도 모르겠습니다. '내' 또는 '안에'라는 낱말은 통상 사물들 사이의 공간적 관계의 용법으로 쓰입니다. 물이 컵 안에, 의자가 강의실 안에 있다는 식으로 말이지요. 여기서 물과 컵의 관계, 그리고 의자와 강의실의 관계는 하나의 사물이 다른 사물에 대해 어떤 위치에 있는가를 가리킵니다. 물론 우리 각자는 이러한 공간적 배치 관계라는 의미에서도 세계 '안에' 있습니다. 그러나 이렇게 이해될 때 우리 자신의 존재는 눈앞에 놓인 사물의 존재처럼 파악되고 맙니다.

세계-내-존재에서 '내in'가 의미하는 바는 삼차원적 공간상의 위치 관계가 아닙니다. 하이데거는 독일어 'in'에 대한 어원적 분석을 통해서 자신이 의미하는 바를 제시합니다. 그에 따르면 'in'은 본래 공간적 의미가 아니라 거주함, 체류함, 익숙함, 능통함, 돌봄 등의 의미와 연관되어 있습니다. 이렇게 보면 '세계-내-존재'란 대략 세계를 보살피면서 거기에 친숙하게 체류함 정도를 의미합니다. 우리는 일상적으로 '안에' 있다는 의미를 이런 뜻으로 쓰기도 합니다. 예컨대 우리가 '국내', '교내', '사내' 등의 표현을 쓸 때, 우리는 단지 공간적으로 한국이라는 나라가 정부 영향력을 발휘하고 있는 장소, 학교 건물이 위치한 장소, 또는 회사 건물이 자리하고 있는 장소만을 의미하지 않습니다. 오히려 그런 장소에 있는 사물들 및 사람들과 더불어 있으면서 거기에 친숙하게 거주하고 있음을 표현하기도 합니다. '세계-내-존재'의 '내'의 의미를 이와 비슷하게 이해할 수 있을 것입니다.

우리가 존재자와 존재 연관을 맺는 방식은 기본적으로 그것을 눈앞에 현전하는 대상으로서 이론적으로 고찰하는 방식이 아닙니다. 그래서 존재자는 본래 '앞에' 마주해 있기보다 '곁에' 있습니다. 객관적으로 관찰하고 검토하는 인식 속에서 존재자는 자신의 확고부동한 존재(곧 실체성)를 알리는 대상對象으로서 드러납니다. 예컨대 우리는 책상 위에 놓인 전등을 빨간 색상, 50센티미터의 높이, 1,000럭스의 조도 등의 속성을 지닌 사물로 고찰할 수 있습니다. 이러한 인식의 시선 속에서 전등과 나 사이에는 이론적 거리가 형성됩니다. 전등은 이런저런 속성을 지닌 독자적인 실체로 앞에 마주하여 등장합니다. 반면에 일상생활에서 전등은 하나의 독자적인 실체로 존재하지 않고 다른 도구들과의 도구 연관 맥락 속에 녹아들어 가 있습니다. 전등이 고찰 대상이 아니라 그저 전등으로 사용되고 있을 때, 그것은 책, 책상, 연필, 의자 등 다른 도구들의 쓰임새 전체와 어우러진 채로 학습이라는 우리의 활동과 일체화되어 있습니다. 이러한 쓰임새 또는 사용 맥락의 전체가 우리의 일상적이고 친숙한 삶을 형성하고 또 지탱합니다.

일상생활에서 마주치는 사물, 예컨대 식탁 위의 숟가락은 식탁, 반찬통, 반찬, 밥 등의 도구 연관 속으로 탈실체화되어 존재합니다. 중요한 것은 우리가 기본적으로 눈앞의 대상들을 관찰하는 인식 주체가 아니라 숟가락과 같은 도구들을 능통하게 다루는 일상적 삶의 영위자라는 사실입니다. 물건들을 활용하거나 만들고, 분주하게 일을 처리하며, 무언가에 신경 쓰고 걱정하고, 업무를 추진하며, 또 때로는 무언가를 포기하고, 조사하며, 협의하고, 탐색하는 등 우리가 존재자와의 연관 속에서 삶을 영위하는 이런 모든 다양한 방식을 아울러 하이데거는 '배려'라고 부릅니다. 배려는 우리 자신이 존재하는 근본적 방식입니다. 이러한 배려의 삶에서 현존재는 수많은 존재자와의 존재 연관 속으로 '산재해' 있습니다. 세계-내-존재란 이렇게 배려의 방식으로 세계에 뿌리를 내리고 거주함을 뜻합니다.

　하이데거는 우리가 우리 자신의 존재를 오해하게 되는 이유 또한 설명합니다. 우리가 우리 자신의 존재에 대해 생각할 때, 우리는 우리 자신을 인식의 시선으로 바라보게 됩니다. 그런데 인식의 태도에서 고찰되는 존재자는 모두 이론적 거리를 둔 사물처럼 생각되기 십상입니다. 그래서 우리는 우리 자신을 고찰할 때 의식, 주체 또는 뇌와 같은 낱말을 통해 다른 존재자와의 연관과 무관히 존립하는 독자적 실체로 파악하게 됩니다. 인식 속에서 인식되는 존재자는 눈앞의 사물로 대상화되는데, 인식하는 주체 자신이 인식의 시선 아래로 가져와질 때 그 역시도 결국 하나의 독자적 실체인 양 파악된다는 겁니다. 그때 주체와 객체의 관계는 두 실체의 관계로 간주됩니다. 즉, 독자적으로 존립하는 두 사물의 관계로 여겨집니다. 이때의 관계는 그저 외면적입니다. 주체는 객체와의 관계가 없이도 존재할 수 있다고 여겨집니다.

＊ ＊ ＊

　이야기를 정리해 봅시다.

　‘나’는 세계와 따로 존재하는 실체가 아닙니다. 순수한 자아가 먼저 존재하고 그다음에서야 이런저런 사물을 경험하거나 이런저런 사람과 인연을 맺는 것이 아닙니다. 사물의 인식, 도구의 사용, 업무의 처리, 사람과의 만남을 비롯한 온갖 존재자와의 관계 속에서만 나는 나로 존재할 수 있습니다. 그런 모든 관계가 ‘나’라는 본질에 추가로 덧붙는 것이 아니라 나를 비로소 나로서 만들어 줍니다. 그것이 우리 존재하는 방식입니다.

－ 설　민

우리가 살아가는 방식

이해 Verstehen

기분과 이해는 감정 및 지성과 어떻게 다를까?

서양 철학 전통에서 인간은 감정과 지성이라는 양면적 속성을 지닌 주체로 여겨져 왔습니다. 고통처럼 감정이 주체가 수동적으로 겪는 상태라면, 판단처럼 지성은 주체가 능동적으로 발휘하는 능력입니다. 철학자들은 때로는 감정을, 때로는 지성을 더 중시했지요. 하지만 어느 쪽이든 대체로 주체의 이 두 속성을 배타적이라고 간주했습니다. 즉, 본질적으로 감정은 비지성적이고, 지성은 비감정적이라는 식으로 말이지요. 쾌락이나 고통과 같은 감정은 지성과 별개이고, 사고와 판단에서 감정은 배제되어야만 한다는 겁니다.

그런데 하이데거는 이러한 전통적 인간관을 여러 점에서 뒤엎습니다. 그는 우리 각자 자신을 가리켜 '현존재'라고 부릅니다. 그에 따르면 현존재는 단순히 주체가 아닙니다. '주체Subjekt; subjectum'라는 낱말은 본래 무언가를 담아내고 지탱하는 고정된 기체hypokeimenon라는 의미에 기원을 둡니다. 예컨대 저기 보이는 책상은 그러한 기체로서 흰색이라든가 사각형이라는 성질 등을 지탱하는 기체입니다. 그러한 성질이 바뀌어도 —예컨대 그것을 노란색으로 칠해도— 기체는 여전히 그대로 남습니다. 우리가 우리 자신을 '주체'라고 부를 때는 은연중에 우리 자신을 그런 기체로 파악하게 됩니다. 키, 직업, 성격, 사회적 지위, 인간관계 등 여러 변화하는 속성을 담아내는 고정된 그릇으로서 말입니다. 하지만 하이데거는 우리를 그런 기체로 파악할 때 우리의 본질적 존재를 놓치게 된다고 봅니다. 현존재로서 우리는 감정이나 지성과 같은 능력을 자기 속성으로 소유하는 기체일 수 없습니다. 속성이라는 개념 자체가 사물이나 실체에 어울리지 현존재에는 어울리지 않으니까요.

하이데거는 현존재를 실체나 기체 개념 대신에 '열어 밝혀져 있음'이라는 개념으로 파악합니다. 우리 각자는 자기 자신에게, 그리고 세계에 열려 있습니다. 또 그래서 자기와 세계가 어떤 식으로든 밝혀져 있습니다. 세계-내-존재로서 우리에게는 언제나 어떻게든 세계가 드러나 있고, 또 그 세계 속의 자기 자신도 드러나 있습니다. 우리가 밥을 먹든, 친구와 잡담을 나누든, 이론적 탐구를 하든 간에 우리에게는 매번 세계와 더불어 자기 자신이 드러납니다. 우리는 늘 그런 식으로 존재합니다. 예컨대 밥을 먹는 우리 자신과 그런 자신이 처한 환경 세계가 우리에게 드러나는 식으로 말입니다. 이러한 드러남 덕분에 우리는 너무나 자연스럽게 밥도 먹고, 지하철도 타고, 친구와 장난도 치는 겁니다. 특별히 그렇게 한다는 자각도 없이 말이지요. 이때 세계와 자신의 드러남은 물론 과학 지식이 어떤 대상의 원리를 설명할 때의 드러남과 다릅니다. 하이데거는 그보다 훨씬 더 근원적인 수준의 드러남이라고 봅니다.

이처럼 근원적으로 드러나는 방식과 관련하여 하이데거는 크게 두 가지를 언급하고 분석합니다. 그것이 기분과 이해입니다. 이 둘은 각각 전통적으로 감정과 지성으로 파악되었던 것의 근원에 해당한다고 말할 수 있을 겁니다. 감정은 기분을 신체 자극이라는 협소한 관점에서 해석한 결과물입니다. 또한, 지성의 논리적 사고나 판단은 세계 전체를 열어 밝히는 이해의 파생태입니다.

기분과 이해는 감정과 지성의 관계와 달리 상호 배타적이지 않습니다. 기분과 이해는 현존재의 고정된 속성이 아니라 현존재의 존재 방식입니다. 따라서 현존재는 언제나 이런저런 기분으로 존재하고, 또한 언제나 이런저런 이해로 존재합니다. 현존재는 언제나 기분이자 이해로 존재합니다. 세계-내-존재로서 현존재가 세계를 자신에게 열어 밝히는 방식의 두 측면이 기분과 이해입니다. 현존재는 두려움이나 차분함, 따분함, 쾌활함과 같이 이런저런 기분을 통해서 세계를 자신에게 열어 밝힙니다. 각각의 기분이 매번 세계를 다른 색조에서 드러냅니다. 또한 세계에서 어떤 사람으로 존재한다는 가능성을 이해하는 식으로 세계를 자신에게 열어 밝힙니다. 밥을 먹는 사람이든 글을 쓰는 사람이든 누군가의 남편이든 그런 일정한 존재 가능성으로서의 자기 이해가 매번 세계를 다른 기틀에서 드러냅니다. 이처럼 기분과 이해는 개념적 분석을 통해 구별되지만, 본래 하나의 현상입니다. 따라서 이해는 본래 기분에 잡힌 이해이고, 기분은 본래 이해하는 기분입니다. 이해는 감정을 배제하는 사고가 아니고, 기분은 지성을 배제하는 감정과 같지 않습니다. 기분에는 항상 이해가 녹아 있고, 이해는 항상 기분에 젖어 있습니다.

그렇다면 이해에서 이해되는 것은 무얼까요? 앞서 말한 대로 여기서 이해는 우리 각자의 존재 방식을 가리킵니다. 그러니 한국전쟁과 같은 역사적 사건을 이해한다거나, 스마트폰이나 자동차와 같은 사물의 조작 원리를 이해한다거나, 물이 끓는 원인과 같이 자연 현상의 인과 원리를 이해한다고 말할 때의 이해가 아닙니다. 하이데거는 이러한 종류의 이해가 우리 각자의 존재 방식에 해당하는 이해로부터 파생한다고 봅니다. 즉, 세계 전체를 자신에게 열어 밝히는 이해가 특정한 대상(예컨대 한국전쟁, 스마트폰 등)을 향해서 제한되면서 대신 일정한 개념적 질서를 새로 도입할 때 생겨나는 산물이라는 겁니다.

가능적 존재로 살아가기

하이데거는 자신의 이해 개념을 해설하기 위해 통상 '이해하다'로 번역되는 독일어 동사 verstehen의 일상 어법 하나를 지적합니다. 그것은 '무언가를 해낼 수 있다', '능(能)하다', '제어할 수 있다', '할 줄 안다'라는 뜻으로 쓰이기도 합니다. 이때 철수가 운전법을 이해한다는 말은 운전에 능하다는 뜻이고, 영희가 수영을 이해한다는 말은 수영할 줄 안다는 뜻입니다. 일단은 이해가 단지 머릿속의 지성적 문제가 아니라 이처럼 실천적 의미를 함축한다는 사실에 유의해야 합니다. 다만 일상 어법에서 '해낼 수 있다', '할 줄 안다'라는 뜻에서 이해할 수 있는 것은 운전이나 수영처럼 특정한 활동입니다. 이에 반해 하이데거가 뜻하는 바에서 현존재가 '할 줄 아는' 것은 현존재 자신의 존재, 곧 실존입니다. 우리는 이 세계에서 이런 식으로나 저런 식으로 존재할 줄 압니다. 예컨대 우리는 운전하는 사람으로 존재할 줄도 알고 수영하는 사람으로 존재할 줄도 압니다. 우리는 이런 식으로나 저런 식으로 자기 존재를 살아 내고 있습니다.

현존재는 항상 자신의 실존을 어떤 식으로든 이해하고 또 이미 이해했습니다. 이때 자신의 실존을 이해했다는 말은 자기 키와 몸무게가 몇이고 직업은 어떠하며 가족관계는 이러하다 등의 사실을 의식한다는 뜻이 아닙니다. 만일 그렇다면 우리가 우리의 존재를 항상 이해한다는 하이데거의 말이 진실일 수도 없겠지요. 우리가 늘 그처럼 우리 자신의 신체적, 직업적, 가족관계적 속성을 의식적으로 파악하고 있는 것은 아니니까요. 자신의 실존을 이해한다는 말은 대상과 이론적 거리를 둔 의식적 파악이 아니라 자신의 존재를 몸소 수행함을 뜻합니다.

아직 감이 잘 안 잡히지요. 더 자세히 살펴봅시다. 근원적으로 이해되는 자신의 존재, 곧 실존은 이런저런 속성으로 이루어진 실체가 아닙니다. 실체나 속성과 같은 전통 존재론의 개념으로는 실존을 파악할 수 없습니다. 실존은 가능적인 것으로서 자신을 미래를 향해 이끌어야만 하는 존재자의 존재 방식입니다. 하이데거는 우리 각자에게는 늘 자신의 존재가 문제시된다고 말합니다. 이는 이기주의적 본성과 같은 것을 뜻하는 것이 아닙니다. 이기주의자든 이타주의자든 자신의 존재가 문제시되기는 마찬가지입니다. 우리는 늘 어떤 식으로 존재할 수 있고, 그럴 수 있음을 명료하게든 모호하게든 알고 있어요. 우리는 가능적 존재로 살아갑니다. 이러한 가능적 존재가 우리 실존의 중핵을 차지합니다. 자신의 존재가 문제시된다고 할 때의 그 존재란 단순한 사실로서의 존재가 아닙니다. 예컨대 나는 선생이고 딸이 하나 있으며 책을 쓰고 있습니다. 이는 물론 단순한 사실로서 파악될 수도 있습니다. 제삼자의 관점에서 거리를 두고 한 인물을 관찰할 때 '나'는 그러한 여러 사실적 속성을 집합시킨 하나의 실체로 파악될 수도 있을 겁니다. 하지만 그런 단순한 사실은 아무런 '문제가 되지' 않습니다. '사실'은 본래 이미 끝난 사태를 가리키니까요. 그러니 거기에는 문제로 삼고 말고 할 것도 없지요. 선생이고 딸이 하나이며 책을 쓰는 자로서 자신을 이해할 때, 그때 이해되는 존재가 문제시되는 까닭은 그것이 단지 종결된 사실이 아니라 열려 있는 가능성이기 때문입니다. 선생, 아버지, 작가로서의 존재는 내가 이런 식으로나 저런 식으로 떠맡아 수행하지 않으면 안 되는 살아 있는 가능성입니다. 근원적으로 이해되는 것은 이렇게 스스로 수행이 가능한 자신의 존재입니다. 내가 이런(아마도 좋은) 선생이 될 수도, 저런(아마도 나쁜) 선생이 될 수도 있기 때문에 나의 존재는 늘 문제가 될 수밖에 없습니다.

우리는 이렇게 문제가 되는 자신의 존재 가능성을 떠맡아 이 세계에서 어떤 식으로든 그것을 구현하는 방식으로 살아갑니다. 우리가 이 세상에서 '존재할 줄 안다'는 말은 이런 뜻입니다. 매사를 다 잘 처리해서 자신의 존재에 아무런 문제가 없다는 뜻이 아니라 오히려 늘 문제가 되는 가능적 존재를 어떻게든 간에 이 세상에서 구현할 수 있다는 뜻이지요. 잘하든 못하든 말입니다.

열린 가능성으로 존재한다는 것이 실존의 특징입니다. 그래서 하이데거는 현존재의 존재란 곧 '존재 가능'이라고도 말합니다. 이 존재 가능은 일상생활에서 내가 지금 하는 행동을 왜 하는가에 대한 답변을 제공합니다. 내가 진공청소기로 거실 바닥을 청소한다면, 그것은 그럼으로써 깨끗한 환경에서 살도록 하기 위함입니다. 내가 니체의 『선악의 저편』을 꼼꼼히 읽는다면, 이는 강의 노트를 준비하기 위함이고, 다시 이는 결국 어떠어떠한(아마도 좋은) 선생으로 있을 수 있다는 자신의 존재 가능성을 위해서입니다. 내가 잠들기 전에 이른 아침에 울릴 알람을 설정한다면, 이는 딸의 아침 식사를 준비하기 위함이고, 이는 결국 어떠어떠한(아마도 좋은)

아버지일 수 있는 자신의 존재 가능성을 위해서입니다.

이처럼 이해란 문제가 되는 자신의 존재 가능성을 위한 현존재의 실존 수행입니다. 일상생활에서 문제가 되는 자신의 존재 가능성은 일상의 여러 요구 및 그 우선순위로 채워져 있습니다. 다양한 할 일 목록to-do list 이 일상적 현존재의 가능성을 남김없이 규정합니다. 하지만 하이데거는 이러한 일상적 삶에서의 이해를 비본래적인 이해라고 부릅니다. 그때의 가능적 존재가 세속적 요구의 충족에 급급한 한에서 그렇습니다. 반면에 죽음에 직면한 사람이 그럴 수 있듯이, 자신의 가능적 존재가 그 누구에 의해서도 대체 불가능한 유일무이하고 유한한 삶이라는 사실을 절박하게 깨달을 때, 이해는 근본적으로 새로운 방식으로 거듭날 수 있습니다. 이때 문제가 되는 자신의 존재 가능성은 단순히 내가 작가로, 선생으로, 아버지로 존재한다는 가능성이 아니라 이런 유일무이하고 유한한 삶 자체입니다. 자신이 살아갈 수 있는 삶이 유일무이하고 유한함을 투명하게 꿰뚫어봄으로써 현존재는 자신의 가능적 존재를 가장 의미 있는 방식으로 구현할 수 있습니다. 물론 그때의 현존재가 예전처럼 다시『선악의 저편』을 읽으며 강의 노트를 준비할 수도 있습니다. 하지만 그러한 선생으로서의 자기 이해는 이제 자신의 가능적 존재를 자유로이 구현하는 방식이 됩니다. 하이데거에 따르면 이것이야말로 제대로 '존재할 줄 아는' 것이요, 그런 뜻에서 본래적인 이해입니다.

가능성을 미리 그려 나가다

이해되는 것이 실존, 즉 현존재 자신의 존재라고 해서 이해가 세계를 배제한 채로 자기 자신만을 대상으로 삼는 것이라고 여긴다면 커다란 오해입니다. 현존재는 세계-내-존재이니, 실존으로서 존재 가능도 세계-내-존재 가능일 수밖에 없습니다. 그래서 이해는 자신의 가능성에 대한 이해일 뿐만 아니라 그런 가능성이 전개되는 세계의 이해이기도 합니다. 일상적으로 이런저런 도구를 사용할 때도 그 문제가 되는 존재 가능의 이해는 도구가 속하는 세계에 대한 이해와 일체화되어 있습니다. 키보드를 손가락으로 두들기는 행동은 작가로서 자신의 존재 가능에 대한 이해로부터 비롯합니다. 이때의 이해는 손가락, 키보드, 모니터, 문장, 글, 책 등이 각각의 쓰임새에서 서로 연결되는 방식에 대한 전체적 이해와 함께 이루어집니다. 이러한 이해 속에서 현존재는 '배려'의 방식으로 세계 속으로 빠져들어 가 있는 겁니다. 세계에 대한 전체적 이해는 자신이 누구이며 또 누가 될 수 있는가에 대한 이해와 따로 떨어질 수 없습니다.

하이데거는 이해가 자기 이해이자 세계 이해라는 사실을 '기획투사 Entwurf'라는 용어로 더 구체화합니다. 하이데거는 기획투사가 이해의 실존론적 구조라고 말합니다. 'Entwurf'는 본래 윤곽, 약도, 기획, 설계, 구상 정도를 뜻합니다. 이해가 곧 기획투사라는 말은 이해가 자신의 가능성을 세계 속에서 미리 대략 그려 낸다는 뜻입니다. 이해의 방식으로 존재하는 우리 각자는 '어떤 식으로 어떤 사람으로 존재할 것인가?' 하는 물음에 대한 답변을 세계 전체에 대한 개괄 속에서 모색하면서 살아갑니다.

또한 하이데거는 Entwurf라는 낱말을 사용함으로써 이해에 놓인 '던짐-wurf; werfen'의 성격을 강조합니다. 이해는 자신의 존재를 다가올 가능성을 향하여 던지는 실존의 운동입니다. 이해는 자신을 문제가 되는 가능성을 향해서, 그리고 그 가능성과 결부된 세계를 향하여 던집니다. 그렇게 던짐으로써 자신의 가능적 존재를 세계와 더불어 구체적으로 그려 냅니다. 예컨대『선악의 저편』을 정리하면서 나는 어떠어떠한 선생이라는 나의 가능적 존재를 세계 속에서 그려 내는 이해의 수행을 하는 겁니다.

이렇게 던짐의 어원을 상기시키면서, 하이데거는 또한 기획투사하는 이해가 일정한 정황 속에 내던져진geworfen(피투된) 채로 전개된 것임을 분명히 합니다. 그래서 이해되는 자신의 존재 가능성은 일정한 역사·문화적 조건과 일정한 개인사적 조건으로부터 결코 자유로울 수 없습니다. 그러한 조건이 허용할 수 없는 가능성을 나는 나의 가능성으로 이해할 수 없다는 뜻입니다. 이해의 기획투사는 예컨대 내게 조선 시대의 신분에 따라서 양반이나 노비일 가능성을 허용하지 않습니다. 또 개인적인 신체 조건이나 경제 조건을 도외시한 채로 축구선수나 재벌 3세일 가능성도 허용하지 않습니다. 따라서 그러한 가능성은 내게 삶의 선택지로 진지하게 고려될 수도 없습니다. 현존재는 철두철미 피투된 가능성입니다. 현존재는 특정한 현실적인 가능성의 범위로 자신의 존재 가능성이 제약됩니다.

이해에서 현존재는 자신의 가능성을 기획하면서 그리로 자신의 존재를 던집니다. 그러나 이때의 기획은 의식적으로 인생을 계획하고 설계하는 지적인 작업을 뜻하는 것으로 오해되어서는 안 됩니다. 기획투사하는 이해는 미래의 청사진을 머릿속에 떠올려 보는 것과는 다릅니다. 그런 모든 인생 설계는 실존 수행으로서 이해의 파생태입니다. 현존재는 이해라는 실존 수행을 통해 미래를 향해 운동하지만, 엄격히 말해 그 수행에 있어서 능동적인 주체가 아닙니다. 오히려 그는 이해의 기획투사 운동에 따라서 존재하게 '되는' 처지에 있습니다. 이해의 실존 수행은 자판기 앞에서 물건을 고르듯이 하나의 가능성을 선택하여 실현하는 과정이 아닙니다. 이는 지성과 의지라는 능력을 지닌 고전적 주체에게나 어울릴 법한 묘사입니다. 현존재는 그러한 선택 의지의 전개 이전에도 이미 항상 자신의 가능적 존재를 기획투사했을 수밖에 없습니다. 우리는 대개 특별한 자각도 없이 소심한 시민으로, 불효한 자식으로, 부족한 배우자로, 평범한 대중의 하나로 자신을 기획투사했던 것입니다.

기획투사하는 이해와 의식적인 인생 설계의 차이는 하이데거가 말하는 '실존'과 '눈앞에 있음'의 차이에 상응합니다. 실존의 가능성은 저 나무의 가능성과 존재론적으로 다릅니다. 베어질 가능성이든 단풍으로 물들 가능성이든 나무의 가능성은 눈앞의 존재Vorhandensein의 양상입니다. 앞서 말했던 실체나 속성과 같은 전통 존재론적 개념이 바로 '눈앞에 있음'의 범주에 해당합니다. 인생을 의식적으로 설계할 때, 실존의 가능성은 이러한 눈앞의 존재적 양상으로 변양됩니다. 이러한 인생길과 저러한 인생길을 머릿속에 대상처럼 떠올릴 때, 실존에 고유한 가능적 성격은 오히려 희석됩니다.

물론 인생 설계의 영향으로 기획투사하는 이해의 방향이 변화할 수도 있을 겁니다. 이제까지의 삶을 단념하고 다른 어떤 삶을 살겠다는 결단과 그에 따른 미래 설계가 그저 작심삼일로 그치지 않는다면, 향후 다른 존재 가능성으로의 기획투사로 이어질 수 있으니까요. 소심한 시민으로 살아왔음을 자각하고 다른 인생길을 개척하기로 결단한 사람은 그 결단이 깊고 뚜렷할수록 이제까지와는 다른 존재 가능성으로 자신을 만들어 갈 수 있을 겁니다.

* * *

이야기를 정리해 봅시다.

　우리 각자는 세상을 이해하고 또 세상 속의 자신을 이해하는 가운데 자신의 가능성으로 이행합니다. 이것이 우리가 삶을 살아가는 방식입니다. 산다는 것은 계속해서 가능성을 형성한다는 겁니다. 그렇게 형성되는 가능성이 우리 삶의 중심에 들어서고 또 우리 삶을 움직입니다. 바로 그래서 우리에게는 '내가 어떤 사람으로 존재할 수 있다고 하는 것'이 삶의 근본 문제일 수밖에 없습니다. 아무리 미래에 대한 고민이 없는 사람이라도 말이지요.

- 설　　민

이해를 완성하는 해석

해석 Auslegung

해석은 쓰임새를 특정하게 부각한다

우리는 흔히 뭔가가 잘 이해되지 않을 때 해석이 필요하다고 말합니다. 또 이리저리 해석한 끝에 간신히 이해했다고 말하지요. 그렇다면 해석이 이해보다 먼저인 셈입니다. 하지만 하이데거는 반대로 이해가 해석에 앞선다고 봅니다. 그는 이해의 완성이 해석이라고 말합니다. 이해는 자신을 완수하려는 경향성을 갖습니다. 즉, 암묵적으로 이해된 것을 명료하게 분절하여 파악하려고 합니다. 이를 하이데거는 해석이라고 부릅니다. 따라서 이해는 해석에서 완수됩니다.

하이데거는 해석이라는 현상을 일상생활에서의 세계 이해를 토대로 해명합니다. 일상생활에서 세계는 도구와 같은 존재자들이 그것들의 쓰임새에 따라 서로 연관되는 그물망 속에서 열어 밝혀집니다. 현존재는 일상에서 그러한 도구 연관을 전체적으로 이해합니다. 현존재는 늘 이미 그런 전체를 이해하면서 살아갑니다. 책을 펴는 것, 의자에 앉는 것, 숟가락을 드는 것, 승차하면서 교통카드를 태그하는 것, 빗으로 누군가의 머리를 빗겨 주는 것, 이런 모든 일상적 행동에서 우리는 책, 의자, 숟가락, 버스, 교통카드, 빗, 타인 등의 존재자가 속하는 세계의 전체 맥락을 미리 암묵적으로 이해합니다.

이때 일상 행동은 이러한 전체적 이해를 특정한 방향성에 따라 파악하는 해석을 담고 있습니다. 세계 이해에 함축된 도구 연관의 조직망이 해석을 통해서 특정한 쓰임새로 분절됩니다. 그 쓰임새가 전체 그물망으로부터 또각또각 도드라집니다. 예컨대 숟가락에 음식물을 담아 입에 넣는 행동에서 한 존재자(곧 숟가락)의 쓰임새(곧 식사용 도구)가 명료하게 부각된다는 거예요. 이해에서 도구 연관 전체 속에 견지되던 존재자는 해석을 통해 비로소 어떠어떠한 쓰임새로서 명료하게 파악됩니다. 숟가락은 밥을 먹기 위한 숟가락'으로서' 해석됩니다. 그래서 하이데거는 해석은 '~로서'의 구조Als-Struktur를 지닌다고 말합니다.

이해가 해석을 예비한다는 건 무슨 말일까?

해석이 이해의 완성이라는 말은 이해가 앞서지 않는다면 해석이 이루어질 수 없음을 뜻합니다. 하이데거는 해석의 '~로서'-구조가 실행되는 토대를 이해의 구조 속에서 분석합니다. 이해의 구조는 미리-갖기Vorhabe, 미리-보기Vorsicht, 미리-잡기Vorgriff라는 삼중 계기로 구성되어 '미리'-구조Vor-Struktur라고 불립니다. 이러한 미리-구조를 통해 이해는 해석을 예비합니다.

우선 해석을 위한 배경 또는 토대, 일상생활의 경우 도구 연관의 전체가 막연하나 훤히 드러나 있어야만 합니다. 이러한 전체적 토대를 미리 확보하여 견지하는 활동이 '미리-갖기'입니다. 가령, 못을 박으려는 사람에게는 망치뿐만 아니라 망치의 쓰임새와 연관된 못, 벽, (못을 박아 걸려고 하는) 시계 등 도구들의 전체적 활용 맥락이 둘러보는 시선 속에 담겨 있어야만 합니다.

다음으로 이렇게 이해된 전체적 배경이 여러 가능한 해석 가운데 특정한 해석 가능성을 향해 조준되어야만 합니다. 가령, 지금은 망치를 홧김에 물건을 부수는 용도나 사람을 위협하는 용도가 아니라 벽에 못을 박는 용도로 쓰려고 하는 거지요. 이처럼 그 가능한 쓰임새를 제한하여 미리 눈여겨봐 두는 것이 '미리-보기'입니다.

끝으로 이해는 개념을 향해 나아갑니다. 미리-갖기에서 확보되고 미리-보기에서 조준된 것이 처음부터 낱낱이 파악되어 있을 필요는 없습니다. 그러한 파악은 해석에서나 이루어집니다. 하지만 해석에서 파악이 가능하려면 이해된 것이 미리부터 개념적 기틀을 갖추어야만 합니다. 이해에서 이러한 개념적 기틀을 미리 붙드는 것이 '미리-잡기'입니다. 이를테면 해석자는 망치나 그에 관련된 여러 개념을 느슨하게나마 숙지해야만 합니다. 그래야만 존재자의 개념이 해석에서 비로소 확정될 수 있습니다.

이해는 이렇게 미리-갖기, 미리-보기, 미리-잡기를 거쳐 이윽고 해석으로 완성됩니다. 이해의 미리-구조에 대한 하이데거의 해설은 이해가 해석으로 전개되고 완성되는 과정에 대한 현상학적 분석을 담고 있습니다.

'투사'와 '구성'이 아니다

하이데거에 따르면, 우리가 존재자를 접하는 방식은 기본적으로 해석입니다. 우리는 해석함으로써만 존재자를 경험할 수 있습니다. 책상이든, 망치든, 컵이든 우리가 그 존재자를 다룰 때, 그것은 이미 그와 같은 용도의 것으로서 해석된 것입니다. 그런데 과학적 세계상에 친숙한 사람에게는 이러한 말이 어쩌면 다음과 같이 들릴지도 모르겠어요. '순수하게 객관적으로 존재하는 것은 물리적인 사물일 뿐이지만, 우리가 그것에 인간적 의미나 가치와 같은 것을 '투사'하여 덧붙임으로써 책상이나 망치와 같은 도구의 존재가 '구성'된다'라는 뜻으로요. 여기서 '투사'와 '구성'에는 주관의 능력으로 본래 어떠하지 않은 것을 어떠한 것으로 가공한다는 의미가 담겨 있습니다.

하지만 하이데거는 우리 주관이 예컨대 철과 목재로 이루어진 순전한 자연물을 인간적 가치를 가진 망치로 가공한다고 말하는 것이 전혀 아닙니다. 오히려 그는 그러한 주관주의적이고 구성주의적인 입장에 반대합니다. 해석을 통해 접하게 되는 것은 존재하는 바 그대로의 것이지, 주관에 의해 채색된 구성물과 같은 것이 아니라는 거예요. 해석에서 존재자는 온전히 그 자신인 바대로 자신을 드러냅니다. 즉, 망치가 망치로서 해석될 따름입니다. 이해에서 최초로 주어지는 것도 망치요, 해석을 통해 완성된 것도 망치입니다. 다만 해석에서 '~로서'-구조가 특정되어 명료해질 따름이에요.

'투사'와 '구성'을 주장하는 철학자들은 근본적으로 존재하는 것은 순전한 물체라고 봅니다. 이에 대해 하이데거는 순전한 물체의 존재란 존재론적으로 보건대 오히려 파생적이라고 주장합니다. 말하자면 책상이란 본래 독서를 위한 책상, 내일 강의 노트를 마련하기 위한 책상입니다. 순수한 사물의 존재는 이러한 쓰임새를 지닌 도구의 존재 다음에야 찾아옵니다. 순전한 사물의 존재는 근원적인 이해에서의 쓰임새 맥락을 벗겨 냄으로써 비로소 등장하기 때문입니다. 그때 사물은 실체와 속성이라는 전혀 다른 범주 속에서 나타납니다. 못에 벽을 박아 주는 것으로서 해석되었던 망치가 이제 객관적으로 진술될 수 있는 속성들을 지닌 실체로 파악됩니다. 예컨대 철로 만들어진 머리 및 목재로 이루어진 자루로 구성된 일정한 질량의 물체라는 식으로요. 소위 '순수한' 물리적 사물은 이처럼 근원적인 이해와 해석의 방식을 배제하는 특정한 개념적 질서를 도입함으로써 비로소 등장합니다.

하이데거는 이와 같은 파악 방식을 '설명'이라고 부르면서 이것을 일상생활에서의 해석으로부터 파생된 것으로 간주합니다. 그것은 하나의 실체(주어)에 일정한 속성(술어)을 귀속하는 진술의 형태로 이루어집니다. 그와 같은 진술은 왜 망치가 좁은 부위에 큰 힘을 집중시킬 수 있는가, 왜 망치의 어느 부분은 불에 타고 다른 부분은 그렇지 않은가 등을 설명해 줍니다. 하이데거는 이러한 설명이 특히 자연과학 영역에서 중대한 인식 방법임을 인정합니다. 그러나 존재론적으로 보건대 그러한 설명은 여전히 일상생활에 놓인 해석의 파생태입니다. 존재론적으로 우선적인 것은 설명 대상으로서 사물이 아니라 도구 연관의 전체로서 세계라는 겁니다.

악순환이 아니라 선순환이다!

하이데거에 따르면 해석은 이해에 기초합니다. 해석은 해석되어야 할 것을 이미 어떻게든 이해했어야만 가능합니다. 앞서 말했듯이 이는 이해하기 위해 해석이 필요하다는 상식과는 상반되지요. 하지만 이해의 우선성 또는 선이해는 사실 문헌학에서 이미 잘 알려져 있던 겁니다. 성경과 같은 고대 문헌을 해석할 때 해석자는 결코 순전한 몰이해에서 출발하지 않아요. 독자는 문헌의 저자, 주제, 문제의식, 방법론, 목표 등을 전체적으로 개략적이나마 미리 이해합니다. 이러한 선이해를 토대로 독자는 텍스트 부분 부분을 해석할 수 있습니다. 기독교나 고대 그리스 문화에 대한 이해가 전무한 상태로는 성경이나 플라톤의 저술을 제대로 읽어 나갈 수가 없습니다.

나아가 이해가 해석에 선행할 뿐만 아니라 해석은 다시 이해를 발전시킬 수 있습니다. 즉, 텍스트 부분 부분의 해석을 거듭할수록 텍스트에 대한 전체적 이해는 점점 더 선명해지고 풍성해집니다. 또한 텍스트의 핵심에 대한 이해가 더욱 또렷해집니다. 역으로 이런 전체적 이해의 고양이 다시 부분적 해석을 더욱 성공적으로 이끌어 줍니다. 이처럼 전체의 이해와 부분적 해석은 상승적 상호작용 관계를 맺습니다. 이러한 관계가 '해석학적 순환'이라고 불립니다. 이는 문헌학이나 역사학을 비롯한 인문학에서 늘 이루어지는 일로 결코 낯선 것이 아닙니다.

하이데거는 이러한 순환이 철학적 탐구 방식이기도 하다고 주장합니다. 자신의 철학적 탐구 또한 철학적 사태에 대한 전체적 이해로부터 출발해서 특정한 방향으로 좁혀 들어가 해석을 하고, 이러한 해석을 통해서 다시 전체적 이해가 발전하는 식으로 진행된다는 겁니다. 그런 점에서 하이데거는 '철학이란 근본적 학문이므로 아무것도 전제해서는 안 된다'는 식의 발상은 그릇되었다고 봅니다. 철학적 탐구도 해석하고자 하는 사태에 대한 전반적인 암묵적 이해에서 출발할 수밖에 없다는 겁니다.

그런데 이렇게 해석이 모종의 선이해, 달리 말해 '배경지식'에서 출발한다면, 그런 해석을 토대로 갖는 인문학은 그렇지 않은 수학이나 자연과학만큼 학문적으로 엄격할 수 없다는 비판이 제기될 수도 있겠습니다. 그러한 '배경지식'이란 실은 해석자가 부지불식간에 수용한 선입견에 불과하고, 선입견이 해석을 이끈다면 그런 해석이 어떻게 올바른 해석일 수 있겠느냐는 비판과 더불어서요.

그 밖에도, 해석학적 순환은 증명되어야 할 것을 미리 전제하는 논리적 악순환에 불과하다는 비판에 부딪치기도 합니다. 해석을 이끄는 선행적 이해에 결론적으로 주장하려는 바가 실은 이미 들어가 있다는 거지요. 이는 논리학에서 흔히 말하는 '논점 선취의 오류'를 범한다는 비판과도 같습니다.

하이데거는 해석학적 순환을 통한 철학적 탐구 방식을 제시하면서 이러한 비판을 모두 오해에서 기인한 것으로 물리칩니다. 우선 해석학적 순환은 논리적 악순환이 아닙니다. 악순환에는 결론적으로 입증해야 할 내용이 처음부터 은밀히 전제되어 있지요. 전제로부터 결론을 입증해 나가려고 시도할 때 전제에 이미 결론의 내용이 '함축'된 논증을 가리켜 악순환 또는 순환 논증이라고 부릅니다. 예컨대 어느 완고한 기독교인이 '성경은 분명히 신의 말씀이 진리라고 말해. 그러니까 성경은 진리야! 성경은 신의 말씀을 기록한 거니까!'라고 주장한다면 이는 순환 논증입니다. 이러한 논증은 사실 아무것도 입증하는 바가 없습니다. 표면적으로 논증을 통해 무언가를 새로 주장하는 것처럼 보이지만 사실 여기서 결론은 전제를 되풀이하는 것일 뿐입니다.

그런데 해석학적 순환에서도 해석되어야 할 것이 이해 속에 '함축'되어 있습니다. 그 점에서 순환 논증과 비슷해 보일 수 있어요. 그러나 해석학적 순환의 경우에 이해와 해석은 논증 속 전제와 결론의 관계가 아닙니다. 따라서 두 경우에서 '함축'의 의미도 다릅니다. 순환 논증에서 그것은 결론적으로 입증되어야 할 바('성경은 진리다')가 전제('성경은 신의 말씀이 진리라고 전한다') 속에 단순히 다른 표현으로 서술되어 있음을 뜻합니다. 반면에 해석학적 순환에서 해석되어야 할 것이 이해에 이미 '함축'되어 있다는 말은 해석의 결실이 처음에 이해되었던 바와 무관한 것이 아니라 그로부터 발전적으로 전개되어 더욱 뚜렷하게 표명된 것임을 뜻합니다. 즉, 해석학적 순환으로서 이해와 해석의 관계는 논리적 추론 형식에 해당하지 않습니다. 그래서 하이데거에 따르면 순환이 문제이기는커녕 오히려 '올바른 방식으로 순환으로 진입'하는 것, 즉 해석이 앞서 거칠게 이해되었던 바로부터 엇나가는 것이 아니라 반대로 그 핵심으로 정확히 파고들어 가 그것을 명료하게 파악하는 것이 중요합니다.

나아가 해석이 선행적 이해에서 출발한다는 사실도 학문적 엄격성을 해하지 않습니다. 그러한 의혹은 우리 존재에 대한 오해에서 비롯합니다. 전체의 암묵적 선이해로부터 그것을 명시적으로 분절하여 파악하는 방향으로 해석한다는 것은 우리가 존재하는 방식입니다. 문헌학에서 잘 알려진 대로 텍스트 해석이 늘 배경적 이해에서 출발하는 것도 우리의 이러한 존재 방식에 기인합니다. 우리가 본래 일상생활에서 이해로부터 해석을 전개하는 방식으로 존재하기 때문에 텍스트 해석에서도 마찬가지의 순환이 발생하는 겁니다. 일상생활에서든 텍스트 해석에서든 전체적 이해로부터 특정한 방향으로 해석을 이행시키는 것은 오류가 아니라 이해를 점진적으로 발달시키는 과정입니다. 이때의 순환은 악순환이 아니라 선순환인 셈입니다.

이러한 해석학적 순환에 관한 논의는 하이데거의 제자 한스-게오르크 가다머가 『진리와 방법』(1960)이라는 저작에서 더욱 면밀하고 체계적으로 분석하고 발전시킵니다.

* * *

이야기를 정리해 봅시다.

우리의 생각은 텅 빈 바닥에서 출발하지 않습니다. 아무리 철저하게 생각하겠다고 애를 써도 마찬가지입니다. 무언가를 생각하겠다고 마음먹기 이전에 이미 선이해가 이루어졌던 겁니다. 실은 선이해가 생각의 토대를 먼저 놓아 주었기 때문에 생각이 출발할 수도 있던 겁니다. 전체에 대한 막연한 이해가 생각, 곧 해석으로 이어집니다. 해석에서 비로소 이해에서 주어진 것이 명료함을 얻습니다. 그리고 해석에서 얻어 낸 명료함이 다시 새롭게 전체를 내다보는 이해의 자양분이 됩니다. 이런 식으로 이해와 해석이 순환하면서 우리의 생각이 발달합니다.

- 설　　민

진리의 진정한 의미

진리|Wahrheit

진리란 무엇인가?

보통 진리라고 하면 사람에 따라 차이는 있지만, 대체적으로 자연법칙의 '진리'를 말하는 것으로 생각하는 경향이 있습니다. 특히 '불변의 진리'라고 말할 때 더욱 그렇습니다. 이와 달리 진실이라는 말은 사람들의 솔직한 태도와 연결됩니다. 우리들의 일상에서 "진짜야?" 혹은 "정말?"이라고 할 때에는 그 사람의 말이 사실에 부합한 진실인지를 묻는 경우입니다. 이 두 종류의 어감이 복합적으로 작용되는 것이 서양에서의 진리 논의의 배경을 이룬다고 할 수 있습니다. 근대 이후 서양에서 진리는 단순 관찰의 결과를 넘어 실험을 통해 수학적으로 계산할 수 있는 방식으로 증명될 때 비로소 성립할 수 있었습니다. 이러한 사고방식의 근거에는 고대 그리스의 아리스토텔레스가 말한 진리 이해가 자리 잡고 있습니다. 그는 진리를 생각했던 것과 사물의 일치로 정의한 바 있습니다. 예를 들어 누군가가 지금 밖에 비가 내리고 있다고 말한다고 해 봅시다. 이 말을 듣고 그 말이 사실인지 확인해 보고 나서, 실제로 밖에 비가 내리고 있다면 그 말(혹은 명제)은 참이 됩니다. 이 점에서 보면 서양 전통에서 진리는 특정한 명제Proposition를 설정하고, 그것이 사실과 부합하면 참, 그렇지 않으면 거짓으로 판명하는 소위 '명제적 진리'라 할 수 있습니다.

논리적으로 혹은 수학적으로 증명된 것만을 사실 혹은 진리로 받아들인다고 해 봅시다. 그렇게 되면 우리 경험의 많은 부분이 진리와는 아직 거리가 먼 주관적 판단에 머물게 될 것입니다. 일찍이 후설은 이렇게 인간의 경험 가운데 명제로 '환원'하기 이전의 경험에 주목하면서 서양 근대인들이 실험을 통해 검증하려고 하는 과정에서 설정한 명제 혹은 가설 이전의 경험이 생략되고 있다고 하며 서양 학문의 근원적 한계를 지적한 바 있습니다. 그는 근대 학문이 가진 한계를 지적하면서, 명제로 전환하기 이전의 인간 경험 그 자체Sachen zur Selbst에 주목하여 그에 기초한 학문을 구축하고자 했습니다. 후설의 이러한 현상학적 사유에 영향을 받은 바 있는 하이데거는 경험 그 자체에 주목하면서『존재와 시간』에서 인간의 결단Entschlossenheit과 관계없는 진리는 없다고 선언하기까지 합니다. 즉 진리는 나와 동떨어진 객관적 법칙에 있는 것이 아니라, 이러한 진리보다 우선해서 인간의 경험이 반영된 경험이 근원적인 진리라는 것입니다. 즉 이러한 진리가 바탕이 되어서 과학이 출발하는 것인데, 근대 과학은 이러한 관점을 외면하고, 처음부터 주관적 관점과 경험을 넘어선 객관적 지식에 접근할 수 있다고 생각을 했습니다. 그리고 이 객관적 지식을 진리로 간주했습니다. 하이데거는 근대의 진리 및 이를 뒷받침하고 있는 아리스토텔레스가 말한 의미의 진리의 토대가 되는 진리를 말하고자 하였습니다.

드러난 것과 드러나지 않은 것 사이에서

하이데거가 도입부에서 말하고 있듯이 『존재와 시간』이라는 책에서는 실존철학적 입장에서의 진리 개념의 성격이 강하게 나타납니다. 나중에 하이데거는 『존재와 시간』에 대한 사르트르 등의 실존철학적 관점에서의 해석을 거부하며 처음부터 자신의 관심은 실존 분석 자체에 있는 것이 아니라, 존재의 진리를 우선적으로 파악하고 존재를 이해하고 있는 현존재 분석에 있었음을 말하지만, 이 시기 하이데거의 관심은 주로 실존 분석에 있었습니다.

하이데거 자신이 이러한 독해를 의식한 탓인지, 오해의 염려 때문인지는 몰라도, 1930년대 이후, 하이데거는 『휴머니즘 서간』을 기점으로 현존재보다는 존재의 진리, 존재의 사건을 자주 언급합니다. 이때 하이데거는 현존재라는 말보다는 '존재의 양치기'라는 말을 합니다. 이때부터는 『존재와 시간』에서처럼 존재를 이해하는 현존재가 중심에 있기보다는 존재의 진리가 먼저 있고, 이에 부응ent-sprechen하는 존재를 돌보는 존재의 양치기가 등장합니다. 그리고 이때부터 하이데거는 시인과 예술가의 언어를 통해서 등장하는 존재의 진리 사건에 대해서 말하기 시작합니다. 이렇게 볼 때 하이데거가 『존재와 시간』을 비롯하여 『진리의 본질에 대하여』, 『예술작품의 근원』 등에서 계속 진리에 대해 논의하기는 하지만, 이는 기존 근대 서양 전통에서의 진리 논의와는 전혀 다른 양상으로 전개되고 있음을 알 수 있습니다.

후기 하이데거의 대표적인 작품인 『예술작품의 근원』에서 말하는 그의 입장을 살펴봅시다. 『예술작품의 근원』에서 진리를 말할 때 대지와 하늘 혹은 땅과 하늘 개념이 나옵니다. 이는 드러냄과 감춤의 두 계기를 포함하는 은유라고 할 수 있습니다. 이 드러냄과 감춤의 두 계기는 하이데 거의 진리 개념인 탈은폐성으로서의 진리가 지닌 두 가지 특징이라고 할 수 있습니다. 하이데거는 생각한 것과 사물의 일치라고 하는 전통적인 진리와 달리 이러한 진리를 가능하게 하는 근원적인 드러남(개시성)으로서의 진리를 말하고자 합니다. 앞에서 언급했듯이 초기 『존재와 시간』에서의 진리는 현저하게 '현존재의 진리'였습니다. 즉 현존재가 없으면 진리도 존재하지 않는다고 하이데거는 생각했습니다. 이러한 현존재의 진리는 인간의 결단, 곧 죽음으로의 달려감이라고 하는 미래적 시간의 계기와 연결된 탈자태extase와 연결됩니다. 이때의 진리는 죽음 혹은 불안이라고 하는 계기를 통해서 드러나는 현존재의 진리였다고 한다면, 『예술작품의 근원』에서는 '존재의 진리'를 말하며 존재 자체가 지닌 특징이 바로 드러냄과 감춤의 특성을 지니고 있다고 생각합니다. 이것을 보여 주는 은유가 바로 대지와 하늘 개념의 등장입니다. 여기서 하늘은 드러남을, 대지는 감춤, 즉 드러나지 않음을 뜻합니다.

예술가와 시인들은 진리와 무관할까?

후기 하이데거는 또한 사방세계Geviert를 말하는데, 존재의 진리가 드러나기 위해서는 대지와 하늘뿐만 아니라, 죽을 자인 인간과 신들이 필요하다고 봅니다. 이 네 가지가 서로 영향을 미치면서 서로를 반영하는 거울놀이처럼 존재의 진리가 드러난다고 봅니다. 이때 초기 『존재와 시간』에 나오는 것처럼 현존재가 전면에 등장하기보다는 존재 및 존재의 진리가 전면에 등장하고, 현존재 개념보다는 시인과 예술가들이 등장한다는 점에 주목해 볼 필요가 있습니다. 즉 후기 하이데거 사유에서 진리를 매개하는 주체는 결단하는 현존재라기보다는 시인과 예술인들 혹은 죽을 자입니다. 특히 이때 하이데거는 서양 전통 형이상학에 대해서 부정적인 측면을 강조하고, 이러한 형이상학 전통의 극복을 말합니다. 후기 하이데거는 이러한 형이상학의 관점들이 근대 과학 기술과 기계화에서 정점에 이르렀다고 봅니다. 표상vor-stellung; Representation으로 기술의 본질을 파악하는 후기 하이데거의 태도는 『존재와 시간』에서 현상학적 사유를 바탕으로 주체와 객체를 엄밀하게 구분하는 데카르트를 비판하는 맥락과도 연결됩니다. 즉 그는 인간이 밖에 있는 대상을 자신의 눈앞에 세워 놓고, 자신의 입장에서 범주화하고 대상화하는 태도를 문제 삼습니다.

하이데거가 말하는 진리는 이렇게 어떤 것을 명제Proposition로 내세우거나 눈앞에 있는 어떤 것으로 대상화하여 파악하기 이전의 경험 자체로서의 진리, 곧 존재의 진리입니다. 앞에서도 언급했듯이 하이데거에 따르면, 플라톤·아리스토텔레스 전통에서 시작되는 전통적인 진리는 생각한 것과 사물의 일치로서의 진리였습니다. 그런데 하이데거는 이러한 진리 이전에 우리의 존재 경험의 진리를 말하고자 합니다. 이미 잘 알려진 플라톤의 동굴의 비유를 통해 설명하자면, 하이데거에게 진리는 동굴에 갇힌 죄수가 그림자를 보는 단계에서 동굴 밖의 태양을 보는 단계까지의 속박과 자유의 변증법적 과정에서 발생합니다. 즉 플라톤이 생각한 것처럼 이 과정에서 밖의 태양 빛에서의 사물 경험만이 진리이고 동굴 안의 경험은 비진리가 아니라, 이 과정 전체가 진리 사건에 해당한다는 것입니다.

초기 『존재와 시간』에서 하이데거의 진리가 현존재의 결단이 강조된 차원의 진리 입장에 서 있다고 한다면, 후기 하이데거 입장에서는 존재를 이해하는 전 과정이 존재 전유Er-eignis의 진리 사건으로 이해되고 있다고 할 수 있습니다. 하이데거의 이러한 진리에 대한 입장은 서양 전통적인 진리 논의에서는 논의되기 어렵고, 그래서 자주 이러한 진리 논의에서 빠져 있습니다. 왜냐하면 서양에서 진리 논의는 주로 플라톤·아리스토텔레스의 진리론의 틀에서만 논의되었기 때문입니다. 하이데거는 진리론에서 이러한 문제를 부각시키고자 했습니다. 특별히 후기 하이데거의 진리 이해가 주는 특징은 전통적인 서양의 진리 논의에서 제외되었던 시인 및 예술가들의 경험과 표현 속에서 드러나는 진리의 가치를 복권시켰다는 데 있습니다. 전통적으로 서양의 진리 논의는 플라톤·아리스토텔레스 이후 논리학 및 과학과 연결되어 있었습니다. 후기 하이데거는 예술에서의 진리 경험을 말하면서 논리 이전 인간의 생활세계에서의 도구적 경험에서 진리 논의를 전개합니다.

내가 없다면 뉴턴의 진리도 아무 소용 없다고?

초기와 후기를 관통하는 하이데거의 진리 개념은 개시성Erschlossenheit (열어 밝혀져 있음) 혹은 탈은폐성Unverborgenheit 개념을 그 특징으로 하고 있습니다. 이 두 개념 모두 초기와 후기에 하이데거가 진리를 이해할 때 중요한데, 두 개념 모두 현상학적 사유와 밀접하게 연관되어 있다고 할 수 있습니다. 하이데거는 현상학적 사유를 말 그대로 현상, 곧 나타남 혹은 나타나게 함이란 말로 이해합니다. 이때 현상phaimenon과 연동되어 진리가 이해된다고 할 수 있습니다. 초기 『존재와 시간』에서는 현존재의 실존이 인간의 결단Entschlossenheit과 밀접하게 연결되어 어떤 것이 '새롭게' 드러나는 순간Augenblick(독일어가 지시하는 뜻은 말 그대로 눈 깜짝할 사이라는 뜻)을 역사적인 순간으로 보며, 이때 인간의 결단이 진리의 드러남에 중요한 역할을 한다고 봅니다. 그런데 이러한 순간은 거창한 역사적 순간일 수도 있지만, 개인의 입장에서 존재를 새롭게 이해하게 되는 순간일 수도 있습니다.

초기『존재와 시간』에서 하이데거는 (결단하는) 현존재가 없으면 진리도 없다고 말합니다. 이전에는 마치 국가 건립과 같은 '영웅적'인 결단만이 진리와 관련이 있다고 생각하는 경향이 강했습니다. 심지어 초기 하이데거는 뉴턴의 진리도 현존재가 없다면 무의미하다고 생각했습니다. 그런데 1930년대 이후, 곧『예술작품의 근원』등에서 하이데거는 현존재에 의한 개시성의 측면을 다른 방식으로 설명합니다. 그는 자신이 말하고자 하는 진리를 논의하기 위해서 사물에 대해 먼저 고찰합니다. 그는 이 강의에서 사물을 이해하는 방식은 세 가지가 있다고 합니다. ① 형상과 질료의 관점에서, ② 신의 형상의 관점에서, ③ 도구 연관의 관점에서 고찰되는 방식이 있다는 것이죠. 하이데거는 이 가운데 도구 연관의 관점에서 사물을 바라보는 관점과 자신이 말하고자 하는 진리가 밀접한 연관을 가진다고 봅니다.

반 고흐의 구두나 신전 등의 사례를 소개하면서 하이데거는 이러한 예술작품들이 근본적으로 화가 자신의 생활세계에서 나오는 도구 연관에서 출발한다고 말합니다. 도구 연관과 관련해서 사물을 파악하는 것, 즉 인간이 자신의 생활세계 안에서 사용하려고 하는 관점에서의 사물 파악 방식이 가장 근원적인 것인데, 앞의 두 가지 관점은 이러한 관점에서 벗어나 있다고 하이데거는 본 것이죠. 물론 여기서 말하는 도구 연관 사용 사태의 관점이 단지 실용주의 철학자들이 말하는 유용성cash value의 관점에서 이해되어서는 곤란합니다. 만약 어떤 사람이 단지 유용성의 관점 혹은 가성비의 관점에서만 어떤 물건을 만들었다고 한다면, 그것은 예술작품이 되기에는 부족합니다. 예를 들면 어떤 사람이 도자기를 판매하기 위해서 수공으로 도자기를 만들었다고 한다면, 그것은 예술이 아닙니다.

하이데거에 따르면 예술은 도자기 만드는 사람과 마찬가지로 생활세계의 도구 연관의 세계에서 출발하지만, 수공 제작과 달리 새로운 것, 유일무이한 것을 만들어 내는 것을 특징으로 합니다. 그리고 이것이 다른 사람들에 의해서 '보존'되는 것을 특징으로 합니다. 이때 보존이란 단순히 창고에 오래 보존되어 있다는 차원에서의 보존이 아닙니다. 후대 사람들에 의해 기억되고 해석된다는 차원에서의 보존이라고 할 수 있습니다. 바로 이러한 과정을 통해 예술이 탄생합니다. 엄밀하게 말하면 예술 그 자체는 해석을 통해 드러나는 사건으로 계속해서 드러난다고 할 수 있습니다. 바로 이렇게 도구 연관의 세계에서 새로운 것이 등장하는 사건은 탈은폐 혹은 비은폐 사건이면서 동시에 은폐의 사건이기도 합니다.

예를 들어 가죽으로 구두를 만들면, 사람들은 가죽의 질료적 성격은 잘 보지 못하고, 구두에만 주목하는 경향이 있습니다. 이때 구두의 질료적 성격은 감추어지게 되고, 구두라고 하는 것은 드러나게 됩니다. 따라서 어떤 예술작품의 창작과 보존의 과정에서는 언제나 은폐와 탈은폐 두 가지 과정이 동시적으로 일어난다고 할 수 있습니다. 이는 어느 한순간에만 일어나는 것이 아니고, 유한한 인간의 해석이 존재하는 한 끝이 없는 지속적인 과정이라 할 수 있습니다. 이런 맥락에서 하이데거는 진리 사건의 이 양면성을 말하기 위해 진리Unverborgenheit는 곧 비진리Un-verborgenheit라고 말하기도 합니다. 이러한 관점은 플라톤·아리스토텔레스 이후의 형식논리 및 생각한 것과 사물의 일치로서 진리를 이해하는 기존의 서양 전통에서 보면 모순에 해당합니다. 한마디로 말이 안 된다는 것이죠. 생활세계에서 출발하는 예술의 진리가 가장 근원적인 경험인데, 서양 철학에서는

주로 논리적 맥락에서만 진리가 이해되었습니다. 이런 서양 철학의 관점
은 기술에 대한 태도에서 정점에 이릅니다.

기술 과학은 진리와 무관한가?

후기 하이데거 사상에서 진리 사건의 주체는 당연히 예술가입니다.
영어에서 예술을 뜻하는 단어는 Art(독일어로는 Kunst)입니다. 이 단어는 종
종 과학 기술이라고 할 때의 '기술'의 의미에서 사용되기도 하고, '예술'이
라는 의미로 사용되기도 합니다. 하이데거에 따르면 '기술'과 '예술'로 사
용되는 이 단어의 어원은 바로 그리스어의 'Techne'입니다. 이 Techne에
서 오늘날 자주 사용하는 Technology라는 단어가 나온 것입니다. 하이데
거는 그리스어의 'Techne'를 인간의 사물에 대한 두 가지 파악 방식으로
이해합니다. 그는 stellen(세워 두기)이라는 독일어 단어를 가져와 명사형으
로 Ge-stell이라는 조어를 만들어 내어 여기에 새롭게 의미를 부여했는데,
그에 따르면, Ge-stell은 인간이 자연을 자신의 도구 사용과 관련해서 자
신들의 틀에 맞게 세우는 과정을 뜻합니다. 이 말은 '닦달'이라고 번역하
기도 합니다만, 이 단어가 지시하는 방향은 하이데거에게 두 가지입니다.
하나는 자연을 나의 앞에 세워서vor-stellen, 나와 마주하도록 대상화Gegen-
stand(독일어로 이 단어는 나의 반대편에 세우는 것을 뜻한다. 하이데거는 실제로 독일어의
이 단어를 사용하기도 한다)하는 것이고, 다른 하나는 나의 도구 연관의 틀에서
전시Aus-stellung(예술작품을 전시한다는 의미인 이 단어 안에도 독일어의 세워 두기를 뜻
하는 stellen의 명사형 단어가 들어 있다)하는 것입니다.
하이데거가 말한 독일어의 Ge-stell은 영어로 enframing으로 번역되

는데 이는 나의 관점에서 세상을 범주화하는 행위를 뜻합니다. 이렇게 해서 하이데거는 『국가』에서 시인 추방론을 펼쳤던 플라톤과 달리 예술가와 시인들이야말로 자연을 대상화하고 범주화하는 '기술'의 발휘 이전에 근원적인 진리를 말하는 자임을 말하고자 했습니다. 이렇게 말한다고 해서 하이데거가 과학 기술을 부정하거나 진리가 아니라고 말하는 것은 결코 아닙니다. 하이데거는 근대 과학과 기술이 지니고 있는 본질적 특성에 주목하고자 했고, 그 본질적 특성을 들추어내어 그 안에 감추어진 진정한 '진리'와 의미를 우리에게 알려 주고 싶어 했습니다.

＊ ＊ ＊

이야기를 정리해 봅시다.

진리라는 말은 이 단어가 사용되는 맥락과 문화마다 그 의미가 조금씩 다릅니다. 그래서 진리를 말하는 사람이 말하고자 하는 맥락을 먼저 알아야 합니다. 하이데거가 진리에 대한 논의를 할 때는 서양 철학과 학문 전통에서 지배적인 진리에 대한 논의와 밀접한 연관을 지닙니다. 하이데거에 따르면 서양의 진리 논의는 플라톤·아리스토텔레스 이후 수학이나 논리학을 통해서 접근 가능한 것처럼 진행되었습니다. 이는 바로 어떤 진술 혹은 명제를 설정하고, 이 명제를 사실과 조회해서 그 일치 여부에 따라 진리와 비진리를 판정하는 것을 뜻합니다. 이렇게 되면, 주어와 술어 형태의 명제 형식만 진리/비진리 여부의 후보가 되고, 여타 나머지 감정적인 진술이나 예술적 표현 등은 진리/비진리 후보에 오르지 못하게 됩니다. 하이데거는 시적 표현과 예술적 표현 속에서 위와 같은 명제적 진리의

후보에 오르기 전에 경험할 수 있는 인간의 진리, 즉 가장 근원적인 의미
에서의 본래적인 진리를 발견할 수 있다고 말했습니다.

- 서동은

손안에 있는 것과 눈앞에 있는 것

도구Zeug

존재란 무엇일까?

하이데거가 제기한 가장 근본 물음은 존재의 의미에 대한 물음입니다. 이 물음은 너무 폭넓은 질문이어서 잘 이해되지도 않고 또 쉽게 대답할 수 없는 물음이라고 할 수 있습니다. 그래서 하이데거가 제기한 물음 방식에 따라 생각해 보며 그가 의도한 것이 무엇인지 알아 가는 수밖에는 없습니다. 이때 존재라는 단어 자체는 독일어에서 sein 동사나 영어에서 be 동사의 원형입니다. 그래서 우선적으로 존재라는 말은 독일어로 sein 이고, 영어로는 being입니다. 물론 존재에 대한 물음을 제기한 사람은 하이데거가 처음이 아닙니다. 하이데거가 보기에 자신과 비슷한 존재 물음을 물었던 사람은 아리스토텔레스입니다.

실제로 아리스토텔레스는 『형이상학』이라는 책에서 존재에 대한 물음을 던지고 있습니다. 이 책에서 아리스토텔레스는 특수 존재론, 예를 들어 수학이나 생물학의 영역에서 존재를 다루는 것과 달리 존재하는 모든 것 일반의 존재에 대해서 다루는 학문인 보편적 존재론에 대해서 말합니다. 하이데거는 아리스토텔레스처럼 보편적 존재론, 즉 존재 일반의 의미에 대해 물었습니다. 그러나 그 물음에 대한 대답 방식은 달랐습니다.

하이데거는 우리는 왜, 그리고 언제 이렇게 존재에 대한 물음을 던지게 되는지를 먼저 알고자 했습니다. 만약에 어떤 사람이 존재의 의미 혹은 인생의 의미에 대해서 묻는다면 십중팔구 그 물음을 묻게 되는 상황이 있습니다. 보통은 아무도 그런 질문을 던지지 않는데, 이런 질문을 던진다면, 익숙하게 잘 돌아가던 어떤 것이 잘되지 않을 때와 밀접하게 연관될 때가 많습니다. 그래서 하이데거는 우리가 도대체 언제 이런 질문을 던지게 되는지를 먼저 물었습니다. 이에 대해서는 권태와 허무의 문제를 다루면서 더 이야기하도록 하겠습니다.

아무튼 세상 밖에서 원인을 찾기에 앞서 이 원인을 찾고 있는 나 자신의 상황, 곧 나의 인식론적 토대에 대해 비판적으로 알아보고자 했던 것이지요. 마치 슈뢰딩거의 상자 속의 고양이 이야기에서 상자를 열었을 때 고양이가 존재할 수도, 존재하지 않을 수도 있으며, 관찰자, 곧 인간에 의해 일차적으로 존재 여부가 결정될 수 있다고 생각하는 것처럼, 하이데거는 사물을 바라보는 나의 상황에 주목합니다. 이렇게 말하면 극단적으로 모든 것이 자신의 관점에 따라 결정되는 것을 말하려고 하는 것 아닌가 하고 생각할 수도 있습니다. 그래서 이는 자칫 유아론solipsismus이나 모든 것이 마음에 의해서 결정될 뿐이라고 주장하는 대승 불교 전통의 유식론처럼 들릴 수도 있습니다. 그런데 하이데거의 입장은 영국의 철학자 버클리식의 유아론도 아니고, 앞에서 말한 것처럼 모든 것은 인간 의식의 산물이라는 입장과도 거리가 멉니다.

하이데거가 말하고자 하는 것은 일차적으로 우리가 존재에 대해서 논의할 때, 그것은 인간의 경험에 의한 존재일 수밖에 없다는 데 있다고 할 수 있습니다. 즉 우리가 바라보는 세상은 우리가 경험한 역사적 조건의 제약 속에서 파악될 수밖에 없다는 것이지요. 하이데거는 아리스토텔레스가 물었던 가장 보편적이고 근원적인 존재가 무엇인가를 묻기 전에 이러한 물음을 물으며 살아가는 우리들의 조건에 대해 먼저 비판적으로 성찰해 보고자 했습니다. 이렇게 해서 인간의 경험에서 출발하는 하이데거의 존재론은 아리스토텔레스가 말하는 보편적 존재론의 관점이 아니라, 이러한 보편적 존재론을 가능하게 하는 가장 근원적인 존재론이라는 점에서 기초 존재론이라고 할 수 있습니다. 즉 보편적 존재론으로 나가기 전에 존재를 논의하는 장이 근본적으로 인간의 존재론임을 먼저 말하자는 것이지요. 바로 이 점에서 하이데거의 입장은 아리스토텔레스의 입장과 구별됩니다.

아리스토텔레스는 우리가 경험하는 여러 가지 개별적인 실체substance; ousia(하이데거의 용어로 하면 존재자seiende)의 존재에 대한 특수 존재론을 문제 삼고, 이를 가능하게 하는 또 다른 실재(혹은 실체ousia), 즉 불완전한 존재자를 가능하게 하는 완전자로서의 실재를 전제했는데, 하이데거는 우리가 경험하는 바깥의 대상이나 이 대상을 경험하는 인간이나 아직 완결되어 있지 않다고 생각합니다. 앞서 슈뢰딩거의 고양이 사례처럼 하이데거의 기본 입장에 따르면 밖의 사물이나 존재하는 것들은 근본적으로 인간의 파악 여부에 따른 가능성 가운데 있습니다. 밖에 있는 대상을 나에게 유의미한 것으로 가져오는 것은 인간 개개인의 개성과 기질에 따른 자유로운 선택을 통해서입니다.

어떤 대상을 나에게 의미 있는 것으로 가져오기 위해서는 어떤 식으로든 이미 알고 있던 것을 바탕으로 그것에 비추어 대상을 파악할 수밖에 없습니다. 존재를 이미 이해하고 있는 인간이 자신이 경험에 비추어 사물에 의미를 부여하는 과정에서 비로소 어떤 대상의 의미가 결정되는 것이지요. 단순화시켜 말하자면, 어떤 사물이 의미 있는 존재로 다가오는 것은 '신'에 의해서 그 존재가 보증되는 것이 아니고, 언제나 매 순간 이미 존재를 이해하고 있는 인간 현존재에 의해서 그때마다 다르게 결정된다는 것입니다.

어떤 영원한 존재자가 있어서 그 존재자가 존재하는 모든 것을 떠받치고 규정하는 것이 아니라, 유한한 인간이 시간적으로 매 순간 다르게 규정해 가는 과정에서 존재의 의미가 드러난다는 것입니다. 김춘수의 「꽃」이라는 시는 하이데거의 이러한 입장을 잘 설명해 주는 사례가 될 수 있습니다. 내가 다가가기 전에는 '몸짓', 즉 아무런 의미가 없었을지 모르지만, 내가 다가가 이름을 불러 주는 순간 그것은 꽃이 되듯이 말입니다. 그러니까 우리가 경험하는 것, 혹은 그때마다 다가오는 존재는 그것에 다가가는 우리 인간의 현 상황에 의해서 결정되는 것이지요. 하이데거는 이러한 상황을 설명하기 위해 인간이라는 말 대신 '현존재Dasein'라는 말을 사용해서 표현하고자 했습니다.

현존재Dasein와 존재Sein는 무슨 상관일까?

현존재라는 독일어 단어는 존재라는 단어와 결합되어 있습니다. 한국어로 현존재로 번역되는 독일어의 Dasein은 말 그대로 '거기(여기)에 있음'입니다. 그런데 이때 '거기(여기)에 있음'은 그냥 돌멩이나 동물이 존재하는 것처럼 있는 것이 아니라, '존재자 밖으로 나와서Ex-sistere' 실존한다는 뜻입니다. 한국어로 실존實存으로 번역되는 ex-sistence는 본질을 뜻하는 essence와 대비되는 개념입니다. 무언가가 실존한다고 말할 때는 어떤 것이 사물과 나란히 그저 존재하는 또 다른 대상으로 존재한다는 것을 의미하지 않습니다. 인간은 그냥 사물로 존재하지 않고, 매 순간 실존으로 존재한다고 말할 수 있습니다. 한마디로 대상과 아무런 의미 없이 나란히 존재하는 것도 아니고, 대상을 완벽하게 지배하고 있는 것도 아니면서, 대상과 일정한 거리를 두며 대상과 더불어 생생하게 거주하며 살고 있다는 뜻입니다.

예를 들어 갑자기 강의실에 진짜 호랑이처럼 생긴 무언가가 나타났다고 해 봅시다. 일단 다른 일체의 주변의 무기물이나 책상들은 그에 대해서 반응하지 않습니다. 만약 여기에 우연히 애완용 고양이나 개가 있다고 합시다. 고양이와 개는 이를 보고 놀라 달아나려고 할 것입니다. 이때 강의실에 있던 사람들도 개와 고양이처럼 바로 달아나기도 할 테지만, 이렇게 다급한 순간이 조금 지나고 여유가 생기면, 강의실에 있던 사람들은 이 호랑이가 진짜인지 순간적으로 의심할 것입니다. 아니면 나타나는 그 순간에 이미 그런 판단을 먼저 하려고 하고 도망갈지 말지를 결정하려고 할 것입니다. 이렇게 동물처럼 단지 즉자적으로 반응하지 않고, 일종의 '거리 두기'가 가능한 존재가 바로 인간이라는 것입니다.

하이데거에 따르면 인간은 일차적으로 신이 창조하거나 하여 텅 빈 백지상태로 이 세상에 태어나지 않습니다. 인간은 이미 특정한 역사와 문화와 전통 속에 던져집니다. 우리가 특정한 전통의 가족에서 태어나는 것처럼, 그렇게 우연히 이 세상에 내 의지와 관계없이 던져집니다. 이 던져져 있는 상태란 이미 사람들이 살고 있는 '문법'과 '규칙'에 던져진다는 것이라 할 수 있습니다. 하이데거가 말하는 도구 연관의 주변 세계는 인간이 언제나 특정한 세계 안에 거주한다는 의미의 세계라 할 수 있습니다. 그렇다면 하이데거는 왜 이렇게 현존재라는 단어를 사용해서 존재의 의미를 묻는 인간에 대해 알고자 한 것일까요?

하이데거가 이러한 도구 연관을 말하는 이유는 한마디로 데카르트가 의심을 통해서 확정하듯이, 인간과 대상, 인간과 자연, 나와 주변 이웃이 처음부터 그렇게 명확하게 나뉘어 존재하지 않음을 말하기 위해서라고 할 수 있습니다. 모든 것이 확정된 상태로 나와 내 바깥의 대상이 그렇게 우리 눈앞에 존재하는 것이 아니라, 어떤 식으로든 우리의 생활과 연관된 세계와 밀접하게 연관되어 있음을 말하기 위해서입니다. 즉 우리가 경험하는 존재는 그 존재를 둘러싼 나의 주위 세계의 경험과 밀접하게 연관되어 있다는 것을 말하기 위해서입니다. 즉 하이데거는 존재Sein가 언제나 지금 혹은 그때마다의 현존재Dasein의 삶의 정황에 따라 다르게 이해될 수 있다는 것을 말하고자 하려고 했습니다.

내 주위에 있는 것들은 내 눈앞에 있는 것들일까?
나의 손 주변에 있는 것들일까?

앞에서 우리는 존재에 대하여, 그리고 존재와 현존재의 관계에 대하여 이야기했습니다. 도구에 대한 논의에 앞서 이런 논의를 한 까닭은 하이데거가 존재와 현존재의 관계를 도구 연관을 매개로 파악하고 있기 때문입니다. 다시 말해 존재Sein와 연결되어 있는 인간Dasein은 일차적으로 도구Zeug 연관이라는 손안의 세계 안에 살고 있다는 것입니다. 이와 달리 눈앞에 있다는 것은 이러한 구체적인 삶의 세계에서 거리를 두고 바라본다는 것을 의미합니다. 하지만 이렇게 바라보는 일은 우리가 사용하는 도구에 문제가 있다거나 하는 특수한 경우에만 가능합니다.

하이데거는『존재와 시간』에서 도구Zeug 및 도구 연관 구조에 대해서 말하는데, 한국어로는 용재성用財性 혹은 손안의 존재와 연관하여 소개되는 개념입니다. 이 용어는 독일어 Zuhandenheit의 번역어입니다. 이와 달리 이와 대립되는 개념이 하이데거의 전재성全在性 혹은 눈앞의 존재 개념입니다. 이 개념은 독일어 Vorhandenheit의 번역어입니다. 넓게 보면, 이 두 단어는 중세에 마이스터 에크하르트가 구별했던 라틴어의 활동적 삶 Vita activa과 관조적 삶Vita contemplativa의 대립 개념에 대응한다고 할 수 있습니다. 한마디로 실천적 관점과 이론적 관점으로 구별해서 이해할 수 있습니다.

또한 우리는 망치를 잡으며 그것을 무언가를 하기 위한 도구로 경험하기도 합니다. 예컨대 우리는 망치를 못과 연관하여 액자를 걸기 위한 수단으로 파악하기도 합니다. 우리가 망치를 쇳덩어리와 나무의 조합으로 경험할 때는 망치가 망치로서 기능하지 않을 때일 것입니다. 우리가 매일 타고 다니는 자동차도 마찬가지입니다. 자동차는 일차적으로 우리에게 기계 그 자체로 다가오지 않고, 우리의 사용과 연관해서 우리 의식의 전면에 드러납니다. 이처럼 우리는 일차적으로 나의 삶과 연관한, '~을 위한 Um-zu, in order to'의 연관 속에서 사물을 경험한다고 할 수 있습니다. 우리는 이렇게 구체적으로 경험하는 현상에서부터 생각해야 하는데, 서양 전통에서는 이를 외면하고, 처음부터 나의 구체적인 경험과 동떨어진 어떤 대상이 있다고 전제하기 때문에 출발점부터가 뭔가 먼저 진지하게 생각해 보아야 할 것을 빼먹었다는 것이지요. 하이데거가 이러한 개념적 구분을 하는 이유는 지금까지 서양에서 지나치게 이론적·관조적 입장을 강조해서 철학함의 근본으로 삼아 왔다는 사실을 상기시키기 위함이라고 할 수 있습니다.

하이데거가 말하고자 하는 것은 인간이 인간의 목적에 맞게 인간 중심적으로 세상을 '실용적으로' 파악할 수밖에 없다는 의미보다는, 우리가 관조적 입장 이전에 이미 도구의 사용 연관 가운데서 사물을 파악하고 있음을 보여 주는 데 있습니다. 하이데거의 도구 연관 개념을 문화적으로, 역사적으로 확대해서 설명하자면, 각 문화 속에 있는 사물의 기능적 차원에 해당한다고 말할 수 있을 것입니다. 사물적 차원에서 자동차는 미국에서나 한국에서나 똑같지만, 도구 연관적 차원에서 보면 다를 수 있습니다. 미국에서는 자동차가 신발과 같은 도구일 수 있고, 한국에서는 사치품 혹은 기호품에 해당할 수도 있기 때문입니다. 그렇다고 해서 하이데거가 구조주의 혹은 포스트 구조주의 철학에서 말하는 것처럼 모든 사물이 단지 사회 문화적 구조에서 결정된다고 주장하는 것은 결코 아닙니다. 하이데거의 관심사는 이렇게 서로 다른 관점에서 접근했을 때, 사물 혹은 우리 주변의 존재 이해가 어떻게 달라지는가에 있습니다. 예를 들어 설명해 보겠습니다.

중고 매장에 있는 타자기는 무엇일까?

중고 매장에서 옛날 타자기를 사 올 경우를 생각해 봅시다. 그 타자기는 중고 매장에 있을 때는 단순한 타자기로서의 사물이었지만, 그것을 사서 내가 내 목적에 맞게 카페에 전시하거나 그 외에 다른 목적으로 사용하게 된다면 중고 타자기는 나의 용도에 따라 무언가를 위한 도구가 됩니다. 또 우연히 내 손에 들어온 물에 담긴 종이컵은 본래 물을 담는 잔이었지만, 다 사용하고 나서 장난감으로 활용될 수도 있고, 이후 담뱃재를 터는 도구로 활용할 수도 있습니다.

이러한 관점을 확대해 보면, 앞에서도 말했듯이 우리는 무엇보다도 일차적으로 우리 주변 세상을 이러한 도구 연관 가운데서 파악하고 있음을 알 수 있습니다. 다시 말하면 누가 뭐래도 우리는 텅 빈 공간에 홀로 태어나 존재하는 것이 아니라, 이미 존재하는 사람, 이미 존재하는 도구 연관에 던져져 이 세상에 '거주'하고 있다는 것입니다. 이처럼 우리는 처음부터 사물 그 자체가 아니라, 특정 대상이 나에게 주는 의미 연관 가운데서 살고 있습니다. 하이데거에 따르면, 이러한 도구 연관이 우리의 원초적인 삶의 자리입니다. 그리고 이 삶의 자리에서 출발해서 우리는 기술을 발전시킬 수도 있고, 예술작품을 만들 수도 있습니다. 그런데 이것은 먼저 무의미한 사물처럼 보였던 것이 어느 날 갑자기 나에게 유의미한 것이 되었을 때, 즉 그 사물이 나에게 존재의 의미를 띠고 다가올 때 비로소 가능합니다.

망치와 못을 사용하는 수공업자는 이 도구를 통해서 자신이 필요한 것을 생산하려고 할 것입니다. 공학자라면 망치가 쇠로 되어 있다거나 쇠의 무게 등에 관심을 가질 수도 있을 것입니다. 그러나 보통 우리는 사물을 이렇게 마주하기보다는 일차적으로 나의 삶의 의미와 연관해서 받아들입니다. 책상 위에 있는 컴퓨터와 볼펜 등은 내가 그 위에서 무언가를 할 수 있는(for something) 어떤 것입니다. 우리는 특정한 사물을 때로는 식탁으로, 책상으로, 토론을 위한 것으로, 앉기 위한 것으로, 나의 도구 연관 속에서 변화시키면서 살아갑니다.

　하이데거는 현존재가 바로 이렇게 도구 연관의 세계를 자신만의 선택과 결단으로 새로운 세계로 만들어 내고, 이것이 후대의 사람들에게 계속 인정받고 해석됨으로써 존재의 진리가 증대되어 간다고 생각했습니다. 예술작품은 인간 현존재가 경험한 도구 연관의 세계 경험에서 출발해서 자신만의 독특한 것을 창작하는 과정에서 나옵니다. 이는 칸트의 천재미학과도 구별되고, 단순한 직관에서 출발한다고 보는 헤겔의 예술관과도 구별됩니다. 이때 새로운 예술작품 형성의 기초가 되는 것이 바로 언어로 사물들을 자신의 관심에 맞게 분절하는 행위, 곧 시 짓기Dichtung이기도 합니다. 독일어의 Dichtung은 창작이라는 뜻인데, 하이데거에게서는 창작이라는 의미보다는 언어를 통해 이루어지는 인간의 근원적인 활동을 지칭하는 뜻이 강합니다. 더 정확하게 말하면 이는 시詩를 짓는다는 의미라기보다는 기존의 도구 연관 경험을 언어로 새롭게 '해석'한다는 의미에 가깝다고 할 수 있습니다. 즉 말로 이루어지는 인간의 모든 행위를 '시 짓기'라고 표현한 것이지요.

　이렇게 생각해 보면, 우리 삶에서 일어나는 모든 일이 말로 이루어지기에 이 세상 모든 사건은 해석이 아닌 것이 없다고 해도 과언이 아닙니다. 이 과정에서 어떤 말들과 의미는 많은 사람의 동의를 얻어 새로운 의미를 띠고 다가오게 됩니다. 후기 하이데거 사유의 틀에서 볼 때, 하이데거가 말하는 존재의 사건은 이렇게 새로운 시 짓기와 해석, 새로운 예술 창작에서 드러나는 사건이라 할 수 있습니다. 이 세상 모든 것은 해석을 통해 존재를 새롭게 드러낼 수 있습니다. 후기에 하이데거는 이처럼 존재를 새롭게 드러내는 것에 대한 표본을 횔덜린이나 릴케 등의 시인들의 시에서 찾기도 했습니다. 과연 이러한 시인들에게서만 존재가 새롭게 드러나는가 하고 질문할 수도 있겠지만, 아무튼 하이데거는 이렇게 생각했습니다. 하이데거는 존재가 새롭게 드러나는, 혹은 인간이 존재를 새롭게 파악하는 데 중요한 계기가 있다고 생각했습니다. 그것이 바로 허무 혹은 권태입니다. 사춘기 때라면 몰라도 보통 아무런 문제가 없이 살아갈 때는 '존재란 무엇인가'라거나 '인생의 의미는 있는가, 없는가'라고 묻지 않습니다. 하이데거는 이렇게 존재 물음이 전면적으로 우리에게 다가올 때는 언제인지 궁금해했습니다. 그가 이것에 궁금증을 가진 것도 잘 생각해 보면, 앞에서 언급한 서양의 이론적인 접근에 대한 비판과 밀접한 연관이 있습니다. 우리가 세상을 바라볼 때를 잘 생각해 보면 그때마다 나의 정서나 기분 또는 분위기가 작용할 때가 많은데, 하이데거가 보기에 서양 철학에서는 대부분 이 부분을 전혀 염두에 두지 않았습니다.

* * *

이야기를 정리해 봅시다.

하이데거는 자신이 살고 있는 서양에서 학자들의 전통적인 사고방식이 언제나 눈앞에 있는 것(눈앞에 있는 대상)으로 사물을 파악하는 방식으로 진행되었다고 파악했습니다. 잘 알려져 있듯이, 서양의 학문 전통은 "~란 무엇인가?"라는 질문에서 출발합니다. 이 물음은 어떤 것의 '본질'에 대해서 묻는 질문입니다. 우리는 보통 이러한 질문을 자주 던지지 않습니다. 이런 질문을 던질 때는 내가 사용하던 컴퓨터나 기계가 고장 났을 때입니다. 서양 철학 전통에서는 이러한 질문이 세상을 낯설게 바라보기 시작할 때 생긴다고 생각했습니다. 이와 달리 하이데거는 우리가 이렇게 어떤 것을 눈앞에 있는 대상으로 바라보기 전에 이미 우리 주변의 도구 연관 가운데서 살아가고 있다는 점을 지적합니다. 우리가 너무나 익숙하게 사용하면서 살고 있어서, 전혀 생각하지 못했던 우리의 생활세계의 세계에 주목하자고 한 것입니다. 그리고 이것이 구체적인 존재 이해의 첫 단추라는 것입니다.

- 서동은

우리가 지루함을 느끼는 세 가지 방식

권태Langeweile

기차가 연착되면 무엇을 해야 하나?

하이데거가 말하는 권태는 보통 교수님의 강의가 지루하다고 할 때의 특정 대상과 관련된 권태와는 거리가 멉니다. 하이데거가 말하는 불안도 마찬가지입니다. 예를 들어 공포는 특정 대상에 대한 공포이지만, 불안에는 그 대상이 없는데, 하이데거는 불안에는 이러한 특징이 있다고 말합니다. 그러니까 이는 우리들이 일상생활에서 불안하다고 말할 때와는 근본적으로 다릅니다. 한마디로 그 실체가 없지만 그럼에도 누구나 인정할 수밖에 없는 근본 기분이 있는데, 이것이 바로 불안과 권태입니다. 불안과 권태는 초기 하이데거 사유(1927~1929)에서 '철학함'의 중요한 계기를 형성합니다. 이 두 근본 기분은 『형이상학이란 무엇인가』라는 제목의 강의와 『형이상학의 근본개념들: 세계-유한성-고독』이라는 책에서 체계적으로 논의되고 있습니다. 권태라는 말의 독일어는 Langeweile, Lanweiligkeit 입니다. 이 단어는 말 그대로 풀어서 설명하면 '길게-머무름', '길게 느껴지는 순간'이라는 뜻입니다.

하이데거는 권태를 세 가지로 나누어 고찰하고 있습니다. 그가 고찰하고 있는 첫 번째 권태는 여행을 가기 위해 집을 나섰는데, 기차가 연착되어 4시간 정도 기다려야 하는 상황에서 발생합니다. 이때 사람들은 그 4시간을 보내기 위해 시계를 자주 들여다보고 이런저런 행동을 하면서 시간 죽이기Zeitvertrieb를 하게 됩니다. 이런 경험과 더불어 등장하는 것이 바로 첫 번째 권태입니다. 이것은 누구나 종종 경험할 수 있는 권태의 모습이라 할 수 있습니다. 이 권태의 특징은 갑작스럽게 주어진 시간 안에서 안절부절못하게 짓누르는 것으로서의 권태입니다. 이러한 권태의 특징은 자꾸 '시간을 보는 것'으로 특징지어진다고 할 수 있습니다. 그리고 이 권태의 특징은 우리에게 머무적거리게 하고 갑자기 무엇을 해야 할지 몰라 공허해진다는 점에 있습니다.

파티를 재미있게 했는데도 왜 지루할까?

이와 다른 두 번째 권태가 있습니다. 하이데거는 두 번째 권태의 특징을 기차의 도착을 기다리는 상황이 아니라, 저녁 초대에 응해서 즐겁게 시간을 보낸 후의 권태로 분류하고 있습니다. 이 권태는 저녁 초대를 받아가서 즐겁게 이야기하고 즐겁게 놀고 나와서 집으로 가면서, 혹은 집에 와서 사실 오늘 저녁에 초대받은 파티는 지루했다고 말했을 때의 권태에 해당합니다. 이 두 번째 권태는 첫 번째 권태와 달리, 시계를 들여다보는 초조함 같은 것이 전혀 없어서 '과연 이것을 권태라고 말할 수 있을까'라고 생각할 정도로 특이한 권태라 할 수 있습니다. 이러한 상황은 우리가 주말이나 공휴일에 쇼핑몰에 가거나 영화관에 가서 즐겁게 시간을 보냈다고 생각했는데, 그래서 자신이 전혀 지루함이나 권태를 느끼지 않았다고 생각했는데, 사실 알고 보면, 지루한 시간을 보내기 위해서 애써 바쁜 상황을 만들어 내어 권태로부터 피해 달아나려고 했다는 느낌을 받았을 때의 권태라 할 수 있습니다.

두 번째 권태에는 첫 번째 권태의 특징인 머무적거리는 시간의 흐름에 붙잡혀 있음도 없고, 공허 속에 버려져 있음도 없습니다. 하지만 그렇다고 앞에서 언급한 첫 번째 권태의 두 가지 특징이 두 번째 권태에 전혀 없는 것은 아닙니다. 오히려 첫 번째 권태의 두 특징이 더 깊어진 형태로 스며들어 있다고 하이데거는 말합니다. 다만 이 권태에서의 시간 죽이기 방식은 첫 번째 권태에서의 시간 죽이기 방식처럼 초조함이 없을 뿐입니다. 첫 번째 권태와는 달리 두 번째 권태에서는 시간 죽이기 방식에 느긋함이 있습니다.

첫 번째 권태와 두 번째 권태의 차이점은 다음과 같습니다. 첫 번째 권태는 어쩔 수 없음의 특징을 가지고 있지만, 두 번째 권태의 특징은 기꺼이 권태를 허락하고 자발적으로 참여한다는 특징을 가지고 있다는 점에 있습니다. 저녁 초대를 받아서 파티에 참여하면서 느끼는 권태에서의 시간 죽이기 방식은 기차를 기다리며 느끼는 권태에서의 시간 죽이기 방식과 완전히 다릅니다. 하이데거가 명시적으로 언급하지는 않았지만, 첫 번째 권태는 미래에 곧 도착할 기차에 대한 기다림 속에서의 권태이고, 그래서 자신의 현재를 어떻게 보내야 하는가를 이리저리 고민하는 데서 발생하는 권태이며, 이때 잠시 과거도 다시 상기될 수 있는 권태인 반면에,

두 번째 권태는 이러한 시간의 세 가지 계기, 즉 미래를 기대하거나 잠시 자신의 이전 시간을 되돌아보거나 하는 것이 없이 순수하게 현재에 몰두하는 상태에서 경험되는 권태에 가깝습니다. 하이데거는 다음과 같이 말하기도 합니다.

그런데 '우리가 이러한 상황 속에 완전히 마주 대해[현재적으로] 있다'고 하는 말은 무엇을 일컫는가? 거기에는 다음과 같은 뜻이 놓여 있다. 즉 우리가 무엇으로 존재해 왔는지, 우리가 어떻게 존재해 왔는지, 그리고 우리가 어디에 존재해 왔는지 하는 데에다 우리는 관심을 돌리고 있지 않으며, 우리는 그것을 망각해 버렸다. 완전히 마주 대한 채로 우리는, 내일인지 아니면 딴 때인지 하기로 작정한 바로 그것, 그것에 대해서 우리가 이미 결단을 내렸거나 결단을 유보하고 있는 바로 그것, 그것을 위해서 우리가 애쓰고 있는 바로 그것, 우리에게 닥쳐와 있는 바로 그것, 우리가 억제하고 있는 바로 그것을 위해서 어떠한 시간도 가지고 있지 않다. 그 자리에서 일어나고 있는 바로 그것에 대해서 완전히 마주 대하고 있는 우리는 우리의 '어제(기재, Gewesenheit)와 올제(미래, Zukunft)로부터 잘라 내어져 있다(마르틴 하이데거, 『형이상학의 근본개념들: 세계-유한성-고독』, 이기상, 강태성 옮김, 까치, 2001, 214쪽).

여기서 시간이 과거와 미래로부터 잘라 내어져 있다는 말은 무슨 말일까요? 이 말은 지금의 가능성 말고는 어떠한 가능성도 가지고 있지 않다는 말입니다. 현재로서의 '지금'이 늘여져 있는 상태로서 지금의 연속만이 있을 뿐입니다. 이때의 시간 경험은 점으로 이어진 현재의 시간 경험에 해당한다고 할 수 있습니다. 이렇게 우리가 파티에 집중하고 있을 때 사람들은 과거에 대한 부담이나 미래에 대한 걱정을 잠시 미루어 두게 됩니다. 우리 보통 사람들의 삶은 이렇게 첫 번째 권태와 두 번째 권태 사이에서 존재한다고 해도 과언이 아닐 것입니다. 그런데 하이데거는 이러한 두 개의 권태와는 아주 다른 세 번째 권태를 이야기합니다.

아무튼 사는 게 지루해 죽겠어!

세 번째 권태는 '그냥 지루해'로서의 권태입니다. 여러분은 이러한 경험을 해 보신 적이 있는지 모르겠습니다. 하이데거는 이를 다음과 같이 독일어로 표현합니다. Es ist einem langweilig. 이 표현을 하이데거는 독일어의 비인칭 주어 Es를 사용해서 표현하고 있는데, 이것은 그가 강조하는 Es gibt에서의 Es의 의미와도 통한다고 할 수 있을 것입니다. es gibt는 일차적으로 영어의 there is, 프랑스어의 Il y a와 같은 의미로 독일 일상에서 사용되는 유도 부사에 해당합니다. 그런데 하이데거는 이 단어에 자신만의 철학적 의미를 부여합니다. 그래서 Es gibt는 알 수 없는 어떤 것이 선사하는 것이 곧 존재한다는 말인데, 권태 또한 대상화할 수 없는 '어떤 것'으로서 우리에게 다가오는 근본 기분이라는 것이죠. 하이데거는 독일어에서 비가 오다Es regnet, 천둥이 친다Es donnert, 번개가 친다Es blitz 등의 표현이 있는 것처럼 권태 또한 인간의 인위적인 어떤 행동과 관련 없이 마주하게 되는 것으로 말합니다. 즉 권태의 비인칭성을 말하고 있습니다. 이표현을 통해서 하이데거는 권태가 마치 우리의 삶에 오래전부터 스며들어 있다는 것처럼 말합니다. 그런데 이 세 번째 권태의 특징은 내 주변에 있는 모든 것, 즉 존재자가 전체에서 자신을 거부하는 데 있습니다. 모든 것이 다 부질없고 의미가 없다는 것이지요. 존재자가 전체에서 현존재를 거부한다는 느낌이 바로 하이데거가 말하는 '아무튼 그냥 지루해'로서의 권태인 것입니다.

세 번째 권태는 앞의 두 가지 권태와 달리 시간 죽이기Zeitvertrieb라고 하는 시간과의 연관성이 없습니다. 시계를 들여다보면서 시간 죽이기를 하는 것, 즉 불안해하는 가운데 시간 죽이기를 하는 것이 첫 번째 권태의 특징이었다고 한다면, 두 번째 권태는 시간을 기꺼이 허용하고 즐겁게 어떤 일에 참여하면서 시간 죽이기가 일어난다는 점이 특징적이라고 앞에서 말한 바 있습니다. 세 번째 권태에서는 이러한 시간 죽이기 자체가 존재하지 않을 뿐 아니라, 들어설 여지가 없습니다. 하이데거에 따르면 이 세 번째 권태는 그만큼 권태가 깊어졌다는 것을 의미합니다. 이 세 번째 권태는 존재자가 전체에서 현존재를 거부한다는 느낌으로 다가오는 권태입니다. 하이데거는 다음과 같이 말합니다.

이러한 전체에서 존재자가 자신을 거부하고 있다. 그리고 다시 또 이러한 전체에서 존재자는 하나의 특정의 바라봄에서만, 우리가 하나의 특정한 것을 되돌아보는 경우에서만, 우리가 존재자를 가지고서 가령 일을 시작해 보고자 특정한 것을 의도하는(겨누어 봄) 데에서만, 자신을 거부하고 있는 것이 아니다. 오히려 이러한 전체에서의 존재자는 앞서 언급한 저 폭 안에서 개개의 모든 바라봄에 따라, 그리고 개개의 모든 겨누어 봄에서, 그리고 개개의 모든 되돌아봄에게 자신을 거부하고 있다. 그러한 식으로 전체에 걸친 존재자가 어떠하든 상관없게 되어 버린다(『형이상학의 근본개념들』, 244쪽).

하이데거의 이러한 표현은 우리가 파스칼의 실존적 공허vanitas 개념과 유사하게 '공허' 혹은 '허무' 가운데 버려져 있다는 인상을 줍니다. 잘 알려져 있듯이, 파스칼은『팡세』에서 무한한 우주 한복판에 있는 생각하는 갈대로서 우리가 갖게 되는 근본 정서가 바로 공허vanitas라고 말합니다. 식물이나 동물, 그리고 신은 모르겠지만, 인간만큼은 우주에서 먼지처럼 작고 갈대처럼 나약하면서도 무한을 생각하기에 필연적으로 이러한 느낌을 가질 수밖에 없다고 말합니다. 즉 허무 가운데 버려져 있어서 이 허무감 때문에 자신이 마치 버려져 있다는 느낌을 받는 것처럼 말입니다.

『존재와 시간』에서 권태는 주제화되지 않고 다만 불안이 조금 주제화되지만, 불안과 권태에 대한 관심은 하이데거가 이 책을 쓴 이후 2년여에 걸친 관심사였다고 할 수 있습니다.『존재와 시간』에서는 불안을 일상성에서 결단으로 넘어갈 때의 매우 중요한 계기로 파악하고 있는데, 이는 지금까지의 서양 철학 전통, 특히 플라톤과 아리스토텔레스에게서 중요한 철학함의 계기인 놀람이나 경탄과는 구별된다고 할 수 있습니다. 플라톤과 아리스토텔레스가 강조한 놀람taumazein은 앞에서 말한 데카르트의 방법적 회의와도 통하고, 사물을 관조하고 이론적으로 바라보는 데 필연적인 느낌입니다. 그런데 하이데거는 이와는 달리『형이상학의 근본개념들』에서 권태를 '세계란 무엇인가'의 물음을 묻게 되는 계기로 서술하고 있습니다. 즉 존재 혹은 세계에 대한 물음을 묻게 되는 근원적인 계기로서 권태를 예로 들고 있는 것이죠. '아무튼 그냥 지루해'로서의 권태에서 사람들은 비로소 세계를 부분적으로 보지 않고, 전체에서 보게 된다는 것입니다. 다시 말해서 존재자 혹은 세계를 분절된 시간의 한 계기에서 보는 것이 아니라, 과거/현재/미래라고 하는 시간의 전체 지평 위에서 자신과 세계를 바라보게 된다는 것입니다. 여기서 그가 말하는 '전체에서'라는 말에 주목할 필요가 있습니다.

이 '전체에서'라는 말은 이제 다음을 일컫고 있다. 즉 '근원적으로 하나로 통합하는 시간의 한 지평 내에'. 오직 존재자가 시간의 하나이면서 동시에 세 겹으로 된 지평에 의해서 감싸안아져 있는 한에서만, 이러한 '전체에서'가 명백히 가능하다. 만약 존재자가 전체에서 자신을 거부하고 있을 수 있어야 한다면, 저러한 방식으로 온전히 열어밝혀져 있는 시간 전체의 지평이 작용하고 있어야만 한다(『형이상학의 근본개념들』, 248쪽).

이 세 번째 권태의 의미는 하이데거가 『존재와 시간』 및 『형이상학이란 무엇인가』라는 강연에서 주제로 하고 있는 불안이라는 개념과 그대로 통한다고 할 수 있습니다. 이 두 근본 기분의 특징은 둘 다 특정 대상을 가지지 않으며 정서나 감정처럼 우리가 인위적으로 조절할 수 없다는 특징을 가지고 있습니다. 독일어의 Stimmung이라는 단어는 영어로 tuning으로 번역될 수 있는데. 이 단어는 한국어로 '조율調律' 또는 '기분', '분위기'의 의미에 가깝습니다. 이는 우리가 매 순간 특정 분위기 안에서 살고 있고, 극단적으로 긴장되거나 극단적으로 이완되는 방식의 양극단의 어느 언저리의 기분에 조율되어 있다는 의미로 해석할 수 있습니다. 다만 인간이 실존적으로 죽음을 가까이 마주하거나 권태와도 같은 실존적인 공허에 직면하게 될 때, 이러한 불안이나 권태가 그 어느 때보다도 분명하게 드러날 수 있습니다. 하이데거에 따르면 이때 비로소 우리 주변에 있던 존재자 전체가 한눈에 다가올 수 있습니다. 이때 사람들은 비로소 '존재한다는 것은 무엇일까?' '세상은 도대체 왜 없지 않고, 끊임없이 이렇게 존재하고 있을까?'를 묻게 된다는 것입니다.

앞에서도 말했듯이, 우리가 인생의 의미를 묻거나 존재의 의미를 묻게 되는 계기는 특정한 정서 혹은 근본 기분에서 발생합니다. 그런데 그 기분 중에서도 '아무튼 그냥 지루해'라고 하는 순간은 우리가 좀처럼 경험할 수 없는 경험일 수도 있습니다. 왜냐하면 우리는 매일 무언가를 하기 위한 어떤 도구나 내가 의식하는 타인에 둘러싸여 살고 있기 때문입니다. 누군가가 '존재란 무엇인가?'라고 묻거나 '인생의 의미가 있을까?'라고 묻는다면, 아마 대부분 그런 질문을 왜 하느냐는 반응을 보일 것입니다. 쉽게 대답될 수도 없고, 범위가 너무 넓어서 생각하기도 쉽지 않기 때문입니다. 그런데 하이데거를 비롯하여 파스칼, 니체, 키르케고르, 카뮈, 사르트르, 톨스토이 같은 철학자는 가끔씩 장례식에 다녀올 때 이외에는 전혀 생각해 보지도 않을 이러한 물음이 우리가 진지하게 생각해 보아야 할 중요한 물음이라고 말합니다. 아마도 이 철학자들은 인생의 어느 한순간에 '아무튼 그냥 지루해'라는 경험을 한 듯합니다. 혹은 아침에 눈을 뜨고 일어날 때마다 이 세상이 정말 아무런 의미가 없고 부질없다고 느끼는 우울증 환자에게서 보이는 그런 경험을 했는지도 모르겠습니다. 그런데 이러한 느낌을 갖게 되면, 지금까지 살아왔던 내 경험은 지금까지와는 전혀 다른 모습으로 다가올 게 분명합니다.

* * *

이야기를 정리해 봅시다.

하이데거가 처음으로 권태를 말한 대목은 『형이상학이란 무엇인가』

라는 강연에서였습니다. 여기서는 정말 짧게 언급하고 지나갔는데, 이후 『형이상학의 근본개념들』 강의에서는 매우 길고 비중 있게 다루고 있습니다. 그만큼 중요하게 생각했기 때문이겠지요. 이 강의에서 하이데거가 권태를 다루는 이유는 세계란 무엇인가라고 하는 전통적인 형이상학적 물음이 언제 시작되는가라는 물음에 답하기 위해서입니다. 우리는 보통 위와 같은 질문을 던지지 않습니다. 위와 같은 질문을 던질 때는 사는 것이 허무하거나 할 때입니다. 하이데거에 따르면 이때 비로소 나와 주위 세계 및 존재하는 세계 전체가das Seiende im Ganzen 나에게 새롭게 다가온다는 것입니다. 돌이나 동물은 이러한 권태를 느낄 수 없기에 이러한 질문을 던질 수 없습니다. 그래서 하이데거는 돌에게는 세계가 없고, 동물에게는 비록 세계가 있지만, 인간에 비해서 빈곤하며, 인간만이 세계에 풍부하게 열려 있다고 생각했습니다. 그래서 그랬는지 몰라도『형이상학의 근본개념들』 영역본에는 세 번째 지루함을 '풍부한 지루함profound Boredom'으로 번역하기도 했습니다. (* 동물에 대한 하이데거의 이러한 관점은 나중에 데리다, 아감벤, 들뢰즈 등에 의해 비판을 받기도 합니다.)

- 서동은

한계를 넘어서게 하는 한계

유한성Endlichkeit

인간은 늘 막다른 곳, 즉 한계에 직면하는 존재이다

여러분은 막다른 한계를 경험해 본 적이 있나요? 너무나도 하고 싶은 일이 있는데 더 이상 못 하게 되었다든지 혹은 진짜 가지고 싶은 것이 있는데 갖지 못한 적이 있는지 말입니다. 그렇지 않더라도 집에 빨리 가기 위해 지름길로 가고 있는데, 그 지름길이 끊기거나 벽에 막혀서, 게다가 그 벽이 너무 높아 도저히 넘어설 수 없어서 어떤 좌절 같은 것을 느낀 적은 없나요?

우리는 가끔 슬프지만, 어쩔 수 없는 일들을 만나곤 합니다. 가끔 저는 스위스 알프스의 멋진 광경을 지금 당장, 직접 내 눈으로 보고 싶은데 그럴 수 없다는 그런 허황된 절망을 느끼곤 합니다. 그뿐인가요? 저는 한백억 달러 이상쯤 가지고 미국에서 재벌처럼 살고 싶은데, 아무리 생각해도 불가능할 것 같아서 우울해지곤 합니다. 제가 농담처럼 전한 이 상황들은 사실 나에게 불가능한 것들입니다. 그렇습니다. 그것들은 가능하지 않고 불가능합니다.

그런데 더 우울한 것은 사실 우리가 살면서 이룰 수 있거나 할 수 있는 일이, 혹은 도달할 수 있는 그럴듯한 것들이 그리 많지는 않아 보인다는 점입니다. 한 천 년쯤 살고, 게다가 젊음의 순간이 800년쯤 되어 주면, 사실 이 지구 안에서 웬만한 것은 모두 할 수 있을 것처럼 보이기는 합니다. 그런데 지금 나는, 그리고 인간은 언제 죽을지도 모르고, 또한 기껏 살아야 100년 남짓밖에 살지 못하는 것을 알기에 우리는 그 안에서 시간에도, 공간에도, 관계에도 모두 일종의 한계를 느끼게 되는 것 같습니다. 아쉽지만 본래 우리는 태어나자마자 어떤 한계에 부딪치기 시작해서 그것을 늘 경험하고, 그래서 그 앞에서 울고 절규하며 사는 것 같습니다. 우리는 매일 한계에 직면하며 살고 있는 셈이지요.

하이데거는 우리가 삶과 죽음 사이에서 서서히 죽어 가고 있다고 말했습니다. "죽음을-향한-존재Sein zum Tode"라는 그의 개념이 바로 이것을 표현하고 있습니다. 즉, 우리는 죽음을 방향 삼아 거기를 향해 점차 나아갑니다. 그 기간은 너무나도 짧고, 게다가 그 짧은 기간이 지금 당장 사라질 수도 있습니다. 언제든지 우리는 죽을 수 있다는 것이지요. 죽을 수밖에 없기에, 게다가 그것은 언제든지 나에게 닥쳐올 수 있기에 나는 언제든지 깨어질 수 있는 모습을 지닌 채 큰 벽, 즉 한계에 갇힌 셈입니다. 이러한 한계에 갇혀 있음, 혹은 지속적으로 한계에 직면하고 경험하는 이러한 본성을 우리는 유한성이라고 부릅니다. 한계가 있다는 뜻이지요. 이미 그 본성상 한계를 가지고 태어나서 처절하게 그 한계를 짊어지고 살아간다는 것입니다. 우리는 유한성을 지닌 유한한 존재인 셈이지요. 거기서 우리는 자신의 무능력을 뼈아프게 경험합니다. 그리고 그 무능력의 경험이 때때로 우리를 절망하게 만듭니다. 사춘기 시절 많은 이가 이 어찌할 수 없는 무능력의 경험 때문에 삶에 저항하고 반항하지 않나요? 또는 여러분은 지금 이유도 모른 채 겪고 있는 이 유한성 때문에 힘들지 않나요?

유한성은 인간의 끝을 의미한다

유한성을 뜻하는 독일어는 Endlichkeit입니다. 그리고 그 단어 안에는 Ende, 즉 끝이라는 단어가 들어가 있습니다. 유한성이란 끝이 있다는 것입니다. 마지노선 혹은 끝에 둘러싸여 갇혀 있는 것이 유한성이며, 인간은 본래 유한성을 지닌 채 이처럼 마지노선 혹은 끝에 둘러싸여 옴짝달싹 못 할 운명입니다. 즉, 인간은 끝을 가지고, 그 끝을 테두리로 하여 그 안에 갇혀서 살 수밖에 없이 태어났습니다. 그는 늘 한계 안에 투옥되어 있는 셈이지요. 우리는 이와 관련하여 어떠한 죄도 짓지 않았는데도 말입니다.

원래 전통 철학에서 유한성이라는 단어는 능력 없음inability 혹은 불완전함imperfection 등을 의미했다고 합니다. 일종의 결핍의 표현 혹은 부정적 표현 등을 모두 담고 있었던 셈이지요. 전통 철학에서는 신이 기준이었습니다. 이것은 서양에서 특히 그랬고, 그러한 신이 완전하기에 인간은 신에 비해 결핍되고 부정적인 존재로 표현되었습니다. 물론 이는 동양도 마찬가지였습니다. 동양은 비록 서양처럼 완전한 존재로서 신을 말하지는 않았더라도 늘 인간보다 더 뛰어난 존재들이 있다고 믿었고, 그런 뛰어난 존재들에 비해 인간은 늘 그 아래에 있었습니다. 그 존재들보다 결핍되고 부정적인 모습을 지녔다고 생각되었던 것이지요. 전통적 사고에서 신은 완전하고 무한한 존재, 뛰어난 존재인 반면, 인간은 그의 반대 혹은 그의 부정으로 여겨졌습니다. 그래서 신은 완전하고 무한한데, 인간은 불완전하고 유한하다고 생각되었습니다. 사실 이것을 부정할 사람은 아무도 없을 겁니다. 인간이 결핍되고, 부족하며, 나약하고, 부정적인 존재인 것은 현실 안에서도 분명하게 드러나기 때문입니다. '우리는 한계를 지녔다'는 그 푸념이 좋은 예시가 되겠지요.

하지만 하이데거는 이러한 전통적 생각들을 완전히 뒤집어 놓습니다. 인간이 결핍되고, 부족하더라도, 즉 유한하더라도 이것은 단순한 부정적인 상태를 의미하는 것이 아니라는 것입니다. 다시 말해 이것이 인간을 망치고, 인간의 삶을 방해하는 그런 속성에 불과한 것은 아니라는 말입니다. 오히려 그는 말합니다. 이 유한성이 비로소 우리의 삶을 이렇게 살 수 있도록 만들어 주고 있다고요. 우리는 만약 유한하지 않았다면 이렇게 살 수 없었을 것입니다. 아니 우리는 삶 자체를 갖지 못했을 것입니다. 혹시라도 무한한 존재로 살 수 있었을 것이라는 상상은 허황된 꿈에 불과합니다. 즉, 유한하지 않았다면 최소한 우리가 가진 이런 모습의 생명을 가질 수 없었을 것입니다. 유한성이 지금 우리의 삶을, 우리의 존재를 가능하게 해 줬다는 말입니다. 우리는 유한하기에 살아 있으며, 여기에 존재하고 있는 셈입니다. 끝을 가지고 있기에, 다시 말해 유한성을 가지고 있기에 우리는 처음과 끝 사이에서 지금 이 모습으로 살아가고 존재할 수 있습니다. 유한성이 우리를 이렇게 살게 하고 있습니다.

유한성은 한계를 넘어서게 한다

하이데거가 이 유한성에 대해 자세히 언급하고 있는 책은 그의 대표작인 『존재와 시간』입니다. 『존재와 시간』은 인간을 죽을 자로 설명하면서 중요한 논의를 해명해 갑니다. "인간은 죽을 수밖에 없다", "인간은 태어나자마자 죽어 가고 있다", "인간은 죽음을-향한-존재이다" 등의 표현이 바로 그래서 등장하는 것입니다. 하이데거는 인간을 그의 죽음을 가지고 설명하고, 죽음을 기준으로 인간이 어떤 존재인지를 해석해 냅니다.

인간은 우선 대개는 죽음을 떠올릴 때 그것을 잊어버리려고 그냥 군중 사이의 잡담 안으로, 호기심 넘치는 일 속으로, 혹은 애매모호한 의견들이나 일방적인 주장을 하는 종교적 담론들로 숨어 버리기 마련이지요. 이렇게 하는 것은 비본래적이지만, 일상을 살아가는 사람들은 대부분 이렇게 살아갑니다. 그렇다고 하이데거가 이를 비난하거나 잘못되었다고 정죄하는 것은 아닙니다. 너무나도 무서운 자신의 죽음을 생각하게 될 때, 거의 대부분은 그것에 대해 끝까지 생각하기 어렵기 때문입니다. 이에 반해 어떤 이는 자신의 죽음을 끝까지 생각하면서 거기로부터 삶의 의미를 되새길 수도 있겠지요. 그렇게 살아가는 삶을 하이데거는 본래적이라고 말합니다. 원래부터 죽음에 직면하여 사는 이가 인간이니, 두렵고 떨려도, 불안하고 절망해도 그것을 잊어버리지 않는 것이 본래적이라 하는 것이겠지요. 그렇게 인간은 죽음과 관련하여 비본래적으로도, 본래적으로도 살 수 있는 셈입니다.

이처럼 죽음과 연관된 것이 인간의 원래 모습입니다. 죽음에 늘 직면하는 삶, 즉 유한한 삶을 가진 이가 바로 인간입니다. 그리고 유한성은 이러한 인간의 원래 모습입니다. 하지만 잊지 말아야 하는 것은 그가 이 유한성 때문에 동시에 자기 자신으로 살 수 있다는 것입니다. 즉, 그는 유한한 존재이기 때문에 본래적 존재가 될 수 있습니다. 내가 본래 어떤 모습인지를 죽음을 통해 알게 되기에, 그는 그 죽음을 회피하지 않는 본래적 삶을 살아갈 수 있다는 것입니다. 내가 유한한 존재로서 결국 죽을 것을 알게 되기 때문에 내가 나라고 착각했던 그런 허황된 생각들로부터 풀려나서 비로소 나 자신이 되기 위해 노력할 수 있습니다.

예를 들자면, 어떤 사람이 술과 도박에 빠져 삶을 제멋대로 산다고 생각해 봅시다. 그는 그때그때의 쾌감을 위해서 늘 술에 취해 있어서 자신의 삶이 무엇인지, 자신이 진짜 원했던 것이 무엇이었는지, 내가 사랑했던 가족이 나에게 어떤 존재였는지 등을 잊고 살아갑니다. 혹은 그는 지금 당장 도박을 하는 쾌감 때문에 이제 내 삶이 어떻게 망가지고 있는지를 생각하지 못합니다. 그는 자신의 삶을 망치고, 자신의 미래를 망치며, 자신의 가족을 파괴하면서 우선 대개 살아가고 있는 셈이지요. 하지만 그가 지금 당장 죽을 수도 있다는 것을, 그가 결국 끝이 있는 삶을 살고 있다는 것을 깨닫게 된다면, 그는 결코 찰나의 쾌락에 불과한 술과 도박에 머물 수는 없을 것입니다. 그는 갑자기 망치로 머리를 맞은 듯한 느낌을 얻게 될 것입니다. "내가 지금 무엇을 하고 있는 걸까? 하나뿐인 내 삶을 이렇게 사는 것이 맞을까?"

우리는 유한하고 부정적인 상황에 있다는 것을 알게 되면, 착각하고 살았던 우리의 모습, 그리고 마치 영원히 살 것처럼 욕심과 욕망만을 내세웠던 우리의 태도가 잘못되었음을 깨닫고 거기에서 벗어나려고 발버둥치기 시작할 것입니다. 진짜 나로서 살고 싶기 때문입니다. 단 한 순간만이라도 진짜 나로서, 진짜의 내 모습대로 살고 싶을 겁니다. 아마도 우리는 1분 1초의 소중함으로 몸을 떨면서 정신없이 살았던 과거를 원망하게 될 겁니다.

진짜 나로서 사는 모습은 어쩔 수 없이 유한하고 부정적인 것으로 가득할지 모릅니다. 하지만 그것이 나인 것을 어떻게 하겠습니까? 끝이 있고 괜히 불안한 그 모습이 원래 나인 것을 어떻게 하겠습니까? 그것을 부인하고 도망간다고 해서 해결될 리가 없지요. 오히려 나를 부인하던 지금의 도망자 같은 삶으로부터 벗어나 원래 내 모습을 직시해야 합니다. 나는 나의 부정적인 그 모습 때문에 지금 나의 그저 그런 삶으로부터 빠져나올 수 있습니다. 나는 그렇게 나의 한계를 넘어서고 있는 셈입니다. 내가 얼마나 유한한지를 직시함으로써 나는 내가 지금까지 가지고 있던 그 삶의 한계를 넘어서서, 지금 당장 알 수는 없지만 새로운 그곳으로 여행을 떠나는 것입니다. 나의 한계를 인정할 때, 나는 기존에 살았던 삶의 한계를 넘어설 수 있게 됩니다.

유한성을 인정할 때, 우리의 삶은 새로워진다

혹시 여러분은 자기 자신에게 덮친 고통과 아픔을 이해할 수 없어 자신을 해쳤던 경험이 있나요? 자기에게 벌어졌던 이해할 수 없는 일들 때문에 괴로워서 자기를 자책하다가 더 이상 살고 싶지 않아 스스로에게 상처를 입히는 사람들이 많습니다. 사실 이런 일들을 벌이는 이유는 우리가 느끼는 무력감 때문에 그렇습니다. 나에게 덮쳐 오는 일들을 해결할 수 없으니 차라리 나 자신을 벌주고 싶고, 나 자신의 생명을 해치고 싶은 충동이 일어나는 것이지요. 하지만 이럴 때 우리가 잊지 말아야 하는 것은 원래 우리가 그런 고통과 아픔을 짊어지고 살 수밖에 없는 존재라는 것입니다. 그리고 고통과 아픔이, 또 그것들을 나에게 안겨 주는 그런 상황이 본래 내 것임을 알게 될 때, 우리는 자신에 대한 자해가 아닌 그것에 새로운 의미를 부여하는 삶을 시작할 수 있게 됩니다. 그때 더 큰 절망에 빠질 수도 있겠지만, 동시에 어쩔 수 없는 그 고통과 아픔에 새로운 의미를 부여하고, 그럼으로써 우리가 살고 있던 삶을 전혀 다른 것으로 규정하고 이해하는 자기 자신이 될 수 있다는 말입니다.

절망으로 남을지, 아니면 그것을 의미 있는 삶으로 새롭게 이해하고 그 절망을 벗어나려고 노력할지는 나 자신의 결정이기는 합니다. 하지만 그 무엇이 되었든지 간에 중요한 것은 나의 본모습을 피해 도망가서는 안 된다는 사실입니다. 나는 유한합니다. 나는 한계를 가지고 있습니다. 나는 늘 끝을 느끼며 살아갑니다. 나는 본래 그렇게 생겼고, 그것을 넘어설 수 없습니다. 하지만 그러함에도 불구하고, 아니 바로 그렇기 때문에, 나는 더 이상 이렇게 살아갈 수는 없습니다. 그렇게 결정하게 될 때, 그렇게 결단하게 될 때, 바로 거기로부터 나의 삶은 새로운 의미를 얻게 되고 우리는 그것을 새로운 삶이라고 말하곤 합니다.

지금까지 나는 나한테는 관심 없이 어떤 것을 탐내고, 거기에 매달려 집착하면서 그저 그런 존재로 살아왔습니다. 하지만 이제 나의 한계를 깨닫게 될 때, 내가 유한함을 인정하게 될 때, 내가 죽을 수밖에 없음을 느끼게 될 때, 나는 절망할 수도 있지만 동시에 그저 그렇게 살 수 없음을 깨닫고 새로운 삶을 향해 출발할 수 있습니다. 나는 이제 내 삶을 새롭게 시작해야만 하고 시작할 수밖에 없음을 깨달아야 합니다. 왜냐하면 결국 나는 언젠가 끝을 맞이하기 때문입니다. 이렇게 살다가 죽을 수는 없습니다. 이렇게 사느니 죽는 게 더 나을 수도 있기 때문입니다. 나는 마치 매 순간의 선택이 나의 마지막 선택인 듯이 선택해야 합니다. 나는 늘 한계에 부딪치지만, 그렇기에 그 한계에 마지막인 것처럼 맞설 수 있는 셈입니다. 나는 한계를 가졌기에 지금까지의 한계를 넘어설 수 있습니다. 한계에 직면한 나만이 비로소 내가 이전에 좌절했던 그 한계를 넘어설 수 있게 됩니다.

* * *

이야기를 정리해 봅시다.

인간은 언제 떠나야 할지 모르는 자입니다. 그는 늘 한계에 부딪치고, 죽음을 느끼면서 자신의 유한성과 부정성을 경험하면서 살아갑니다. 그래서 그는 절망하거나 두려워하면서 그저 그렇게 살아갈 수 있습니다. 그러나 그는 원래 유한성과 부정성을 가지고 태어났기에 그저 그렇게 살아가던 거기에서 벗어나려고 발버둥 칩니다. 그는 지속적으로 한계라는 벽에 자신을 충돌시키면서 자기 자신이 본래 어떤 존재자인지, 어떤 모습을 가지고 있었는지를 고뇌하게 됩니다. 그러면서 그는 자신이 지금까지 살았던 삶이 원래 내 모습이 아니라는 것을 깨닫고, 지금의 삶을 넘어서서 무엇으로든지 살아야겠다고 결심하게 됩니다. 그리고 그것이 바로 내가 내 삶의 주인공이 되는 순간입니다.

물론 이 선택은 어떤 윤리적인 것이거나 혹은 가치 판단할 수 있는 그런 것은 아닙니다. 오히려 누군가가 그것의 가치를 판단하더라도 그것은 나에게 중요하지 않습니다. 그저 그렇게 무엇인가를 향해 발버둥 치기 시작했다는 것이 중요합니다. 그 발버둥이 기존에 그저 그렇게 살았던 자기 자신을, 즉 자기 자신의 한계를 뛰어넘는 사건일 뿐입니다. 끝이 있기에 인간은 자신의 삶을 새롭게 바꿔 나갈 수 있습니다. 그래서 한계란 인간이 끝나거나 중단되는 곳이 아니라, 오히려 거기로부터 인간이 새롭게 삶을 시작할 수 있는 곳이 되어 줍니다. 나는 유한하기에 이전의 나를 넘어설 수 있습니다. 나의 한계가 이전에 나를 괴롭히던 나의 한계를 넘어서게 합니다. 유한성은 우리를 늘 새롭게 살게 합니다.

- 이관표

가장 먼 것 같지만, 가장 가까이에 있는 것

죽음Tod

삶에 대한 관심Sorge은 죽음 때문에 생긴다

요즘 여러 가지 범죄가 많이 발생합니다. 폭력 사건도 많지만, 사기나 도둑질 등의 경제적 범죄도 많은 요즘입니다. 법원과 대검찰청의 조사에 따르면, 2024년 전체 사기범 가운데 19~30세 비중은 23.7%로 전체 1위를 차지했다고 합니다. 사회에 갓 들어와 사랑하는 사람을 만들고, 가족들을 구성하며, 또한 자신의 삶을 기획해야 하는 이 풋풋한 시기의 사람들이 대한민국 안에서 사기를 가장 많이 치고 있다는 것이 이 조사의 내용입니다. 도대체 이 사람들이 자신의 인생에서 얻고 싶은 것은 무엇이었을까요? 누군가에게 거짓말을 하고, 누군가에게 나쁜 의도를 가지고 접근함으로써, 그들이 정말 자신의 삶에서 얻고 싶었던 것은 무엇일까요?

여기서 질문을 바꿔 봅시다. 여러분에게 삶에서 가장 중요한 문제는 무엇인가요? 우리는 삶에 많은 관심을 쏟아부으며 살아갑니다. 그리고 이러한 관심사 중 가장 중요한 사항은 누군가에게는 돈이겠고, 누군가에게는 성공일 것입니다. 의식주는 삶의 가장 기본적인 요소이니, 어찌 보면 돈과 성공이 가장 중요한 관심사가 되는 것은 당연할 것입니다. 최소한 입고, 먹고 마시며, 또한 잠자는 것이 우리에게 가장 중요한 문제니까요. 물론 그 외에도 더 많은 중요한 문제가 있을 겁니다. 그런데 우리 한번 상상해 봅시다. 만약 우리의 삶이 영원했다면 어땠을까요? 그렇다고 해도 계속 우리는 그 문제에 관심을 가지고 살아갔을까요? 지금까지 살았던 것처럼, 그렇게 무엇인가를 얻고 싶고, 또한 지금처럼 이렇게 무엇인가를 목표로 삼으며 살아갔을까요?

절대 아닐 겁니다. 만약 우리가 죽지 않고 영원히 살았다면, 지금과는 전혀 다르게 삶에 관심이 없었을 겁니다. 뭔가를 가지는 것에도 심드렁했을 것이고, 그냥저냥 살았을 겁니다. 왜냐하면, 지금 무언가를 갖지 않아도, 또 다른 관심을 가지지 않아도, 또한 목표를 향해 노력하지 않아도, 내 생명을 유지하는 데는 문제가 되지 않았을 것이기 때문입니다.

조금 오래된 애니메이션이긴 한데, 1970년대의 인기 만화 《은하철도 999》는 우리의 앞선 얘기들을 재미있게 표현하고 있습니다. 1977년 일본에서 방영되었던 이 만화는 한국에서는 1981년부터 방영되었습니다. 여기서는 기계 인간이 되려는 철이와 그런 철이를 도우려는 메텔이 은하철도 999를 타고 메갈로폴리스로 가는 우주여행이 그려지고 있습니다. 마지막 종착지인 기계 모성 프로메슘 행성에 도착해서 철이는 영원히 살게 된 기계 인간들의 삶을 관찰하게 됩니다. 그리고 어떤 기계 인간의 투신자살을 보게 됩니다. 그 기계 인간은 죽어 가며 절규합니다. 너무 지루하다고, 그래서 더 이상 삶에 의미를 찾을 수 없다고⋯

우리가 삶에 관심을 갖는 이유는 아마도 우리가 결국 죽기 때문일 겁니다. 늘 삶의 종착역인 죽음은 우리의 시작부터 과정 곳곳에 자신의 흔적을 남기고 있는 듯합니다. 그리고 하이데거 역시 죽음이 가지고 있는 이런 모습들을 다양하게 표현합니다. 죽음은 늘 우리의 삶과 그 시작부터 함께 있다고 말입니다.

죽음은 인간의 본래적 모습을 회복시킨다

죽음은 철학이라는 이 어려운 학문의 대표적인 주제입니다. 물론 죽음이 철학의 대표적인 주제인 것은 이미 오래전부터였습니다. 하지만 이 주제는 늘 가장 뒤에 다루어지곤 했죠. 즉, 죽음은 늘 어떤 사상이 쭉 진행되다가 멋지게 마무리되는 최종 단계였습니다. 예를 들어, 고대의 플라톤은 철학이 죽음을 연습하는 것이라 말했고, 현대의 프로이트는 죽음의 본능을 생애의 마지막에 꺼내면서 자신의 이론과 생애를 마무리합니다. 이런 이유 때문인지 철학을 싫어하거나 버거워하는 이들은 한결같이 철학이 싫은 이유가 죽음을 다루기 때문이라고 말하기도 합니다. 어렵고, 알 수 없고, 경악스럽기도 한 그것, 그런데 말하지 않을 수는 없으니 맨 나중으로 미루고, 괜히 말하기 싫어지는 것이지요. 그런데 이상하게도 하이데거는 이와 다르게 죽음이라는 이 단어를 제일 앞에 위치시킵니다. 정확히 말하면, 하이데거는 죽음을 자기의 이론에서 가장 중요한 위치에 놓고 그것을 통해 다른 모든 것을 설명합니다.

하이데거가 죽음을 가장 많이 다룬 곳은 그의 대표적 저서『존재와 시간』입니다. 이 저서는 하이데거의 주저이면서도 동시에 존재에 대해 말하면서 그 시작을 인간, 즉 현존재Dasein로 시작하는 내용을 담고 있습니다. 이 책에서 하이데거는 죽음이 인간을 알게 되는 데 있어 가장 중요하다고 말합니다. 왜냐하면, 인간에게는 이미 죽음이 선고되어 있기 때문이라는 것입니다. 인간은 "태어나자마자 이미 죽기 시작"하였습니다. 그래서 인간은 본질상 "죽음을-향한-존재Sein zum Tode"입니다. 죽음은 그냥 내가 불가능해지는 그런 사건이 아니고, 오히려 내가 지금도 늘 떠안고 살아가는 최고의 근심과 염려거리입니다. 하이데거는 그래서 죽음을 말할 때, 내가 불가능해지는 그 상태가 늘 내 안에 가능하게 남아 있는 것이라고 표현합니다. 하이데거처럼 어렵게 표현하자면 죽음은 "불가능성의 가능성Möglichkeit der Unmöglichkeit"인 셈입니다.

이 표현은 복잡하긴 하지만, 그 복잡한 표현 안에서 최소한 내가 누구인지, 혹은 인간이 누구인지 알려 주고 있습니다. 나는 이 불가능성이 늘 가능할 수 있다는 것을 염두에 두고 살고 있을까요? 그리고 바로 여기에서 하이데거의 그 유명한 표현인 본래성과 비본래성이 등장합니다. 물론 여기서 말하는 '본래적', '비본래적'이라는 말은 어떤 윤리, 도덕, 가치판단 등에 해당하지 않습니다. 그냥 본래적이라는 것은 인간이 태어날 때부터 그렇다는 것이고, 비본래적이라는 것은 태어날 때부터 그래 왔던 모습에 어긋났음을 말해 줄 뿐입니다. 그리고 하이데거는 우리가 '우선 대개' 비본래적이라고 말합니다. 왜냐하면 일상적으로 살아가는 인간은 우선적으로, 그리고 대개는 내가 누군지, 내가 왜 사는지, 내가 어떻게 살아야 하는지 등을 묻지도 따지지도 않고 살아가기 때문입니다.

일반적으로 사람들이 대개 그렇듯이 우리는 그냥 죽지 못해서 살고, 감정 상하는 일에 별생각 없이 화내며, 다른 사람들이 말하는 것에 동조하거나 혹은 그것을 비난하면서 살아갑니다. 여기에는 내가 깊이 생각해 봤던 그런 의견은 잘 없는 것 같습니다. 그저 다른 이들의 의견에 이리저리 맞추는 것이 더 좋은 삶이라 여겨집니다. 다수결, 민주주의, 여론 등의 단어가 이런 우리의 삶, 즉 다른 이들의 의견에 따라 사는 것에 정당성을 주고 있는 것 같기도 합니다.

그런데 이렇게 살아도 변하지 않는 문제가 있습니다. 그것은 결국 다른 이들과 상관없이 나는 죽게 마련이라는 것입니다. 다른 이들에게 인정을 받든 말든, 다른 이들이 어떻게 살든 말든 아무 상관 없이 나는 결국 죽습니다. 그리고 이것은 나에게 너무나도 공포와 불안이 되곤 합니다. 나는 이 죽음이라는 것을 생각하게 될 때, 내가 철저히 혼자 태어나서 결국 혼자 죽게 된다는 나의 '본래의' 모습을 깨닫게 됩니다. 나는 본래 혼자였고, 혼자 떠나야 합니다. 내가 없어지는 그 불가능성은 언제든지 가능합니다. 나는 본래 그런 존재였습니다.

그리고 바로 여기에서 나는 진짜 내 자신, 본래 혼자 살 수밖에 없는 그런 모습의 면면들을 자세히 찾기 시작합니다. 그 어떤 이와의 비교도, 그 어떤 이의 인정도 불필요한 그 본래의 나는 과연 누구일까요? 나는 이제 내가 혼자 죽어 갈 수밖에 없음을 먼저 깨달으면서 이런 나의 본래 모습에 관심을 가지고 그것을 찾기 시작합니다. 이것을 하이데거는 그 유명한 표현으로 "죽음으로의 달려감Vorlaufen in den Tod"이라고 말합니다. 내가 죽을 수밖에 없는 그런 존재라는 것을 죽기 전에 미리 깨닫고 나니 이제 나는 나한테, 나의 본래 모습에 관심을 가지게 되었습니다. 죽음으로의 달려감을 했더니 나의 본래성이 문제가 되었습니다.

물론 이런 생각들이 무서워서 도망갈 수도 있습니다. 그래서 다시 예전에 그저 그렇게 생각하며 살았던 삶을 반복할 수도 있습니다. 죽음 같은 것은 나랑 상관없는 것처럼 그렇게 잊어버리고 살면 그만입니다. 혹시라도 또 불안해져도 그냥 "몰라, 몰라!" 소리 지르며 그냥 잊어버려도 되긴 할 겁니다. 그런데 그런다고 죽음이 완전히 없어지지는 않겠지요. 그리고 그것은 결국 언젠가는 나에게 슬며시 다가와서 지금 느끼는 불안이나 공포 그 이상으로 괴롭힐 겁니다. 왜냐하면, 나는 본래 죽음이 늘 머무르는 그런 삶을 살아왔으니까요.

나의 본래적 모습이란 내가 늘 텅 비워짐이다

그렇다면, 나는 어떻게 살아야 할까요? 일반적으로 철학은 여기에 대해 명확한 답을 주지 않습니다. "너는 실존해야 한다!"라고 말할 뿐, 그것이 무엇인지, 그리고 그것의 결과가 무엇인지 말하지는 않습니다. 참 답답하지만, 일견 이해는 갑니다. 왜냐하면 아무리 위대한 사상가와 종교인이 이야기해 주더라도, 누군가의 이야기는 결국 다른 이의 의견에 불과하기 때문입니다. 내가 직접 한 것이 아니라면, 어쩔 수 없이 남의 이야기에 불과합니다. 하이데거는 실존함에 대해, 즉 본래적 자기 자신으로 살아가는 것에 대해 짤막하게 다음과 같이 말합니다.

다른 이들의 시선에, 말에, 생각에, 의견에 사로잡혀서 자기가 뭘 원하는지 생각도 못 하고, 자기가 누구인지도 잊어버린 채 살아가지 말 것.

내가 누구냐고? 원래 우리 자신은 텅 비어 있는 것이 정상이다. 이제부터 너의 의지대로, 너의 뜻대로 진지하게 채워 나가면 그뿐이다.

인간이 살아간다는 것, 인간이 존재한다는 것은 곧 그가 죽어 가고 있고, 그 죽음을 생각해야만 살아갈 수 있으며, 존재할 수 있다는 것을 의미합니다. 인간은 늘 죽음을 곁에 두고서, 거기다가 아무것도 확정되지 않은 채, 그저 허허벌판에 서 있는 것과 같이 살아가는 그런 자입니다. 그는 그 무엇에도 집착할 수 없고, 그 누구에게도 지배될 수 없습니다. 어차피 가지고 있는 것이 없이 텅 비어 있는데, 도대체 무엇에 내가 집착하거나 지배당할 수 있다는 말입니까? 죽음은 인간에게 자유를 선물합니다. 제대로 죽을 수 있는 자만이 제대로 살 수 있다는 옛 격언들은 바로 이것을 들려주고 있는 것입니다.

죽음은 삶과 존재의 신비를 담아 놓은 인간의 그릇이다

마지막으로 하이데거가 말년이 되어 생각했던 죽음에 대한 내용들을 조금 살펴보면서 이번 장을 마쳐 보도록 하겠습니다. 그는 1930년대를 거쳐서 소위 사람들이 말하는 '전회'라는 것을 경험합니다. 여러 가지 이유를 대지만, 결국 전회는 하이데거의 죽음에 대한 생각도 더욱 온화하고 신비로운 어떤 것으로 변경시킵니다. 완숙한 사상에 도달한 하이데거도 죽음을 인간의 본질적인 어떤 것이라고 생각하는 것에는 변함이 없습니다. 아니, 보다 더 본질적이고 본래적인 것이 죽음이라고까지 이야기합니다. 무슨 말일까요?

여러분은 여러분의 삶을 누구의 힘으로 살아간다고 생각하나요? 우리가 살아가고, 또한 존재하는데, 우리 자신의 힘은 얼마나 필요하고 또한 사용될까요? 안타깝지만 우리는 별로 우리 자신의 힘으로 삶을 유지하는 것 같지 않습니다. 예를 들어, 내 몸 안의 장기와 부분들은 열심히 움직이면서 나의 삶을 유지하고 있지만, 거기에 먹는 것이 들어가지 않으면, 에너지가 고갈되어 금방 죽게 되겠지요. 음식을 내 입에 넣고 씹어 넘기는 것은 내 몸이 하는 것이겠지만, 최소한 그 음식을 만들어 내는 것, 그 음식의 재료를 마련하는 것, 그리고 그 재료가 이전에는 살아 있는 것으로서 이 세상에 나타나는 것은 나의 힘이나 능력으로는 어쩔 수 없는 것이지요.

크게 말해서 "존재 자체가 존재자를 존재하게 해 준다!"라는 알쏭달쏭한 하이데거의 말은 거칠게 해석하면 이렇게 이해할 수 있습니다. 존재자가 자기 능력으로 마음대로 존재할 수 있는 것이 아니라 존재자가 아닌 어떤 사건이 존재하도록 해 준다는 것입니다. 인간 역시 마찬가지입니다. 인간도 자신이 살아가고 존재하는 데 자기의 능력은 형편없습니다. 인간 역시 자기 이외의 존재자들과 사건들에 자신의 생명과 존재를 빚지고 있는 셈입니다. 그리고 이것을 알고 있는 것, 이것을 고백하는 것, 나아가 이것에 대해 감사를 가지는 것은 오직 인간뿐입니다. 그렇다면, 인간은 어떻게 이것을 알고, 이것을 고백하며, 또한 이것에 감사를 가질 수 있는 걸까요? 바로 인간은 죽기 때문입니다.

죽을 수밖에 없는 우리 인간은 그래서 우리가 나약하다는 것을 잘 알고 있지요. 우리가 죽지 않는다면, 그랬다면 아마 우리는 이 정도로 나약하고, 고통당하며, 불안하지는 않았을 겁니다. 죽지 않기 위해 발버둥 치며 살아가는 삶 안에서 우리는 가끔 나를 살아갈 수 있도록 해 주는 그런 이들을 생각하며 살 수 있는데 그것은 우리가 죽을 수밖에 없기 때문에 가능한 일입니다. 죽음은 우리 자신을 돌아보게 하고, 우리를 살게 해 주는 그런 이들을, 그런 것들을, 그런 생명들을 생각하게 하고, 고백하게 하며, 또한 감사하게 만들곤 합니다. 이것이 바로 죽음이 존재 자체의 놀라운 신비로움을 드러내 준다는 것의 의미입니다.

언젠가는 죽기에 우리는 우리가 서로 간에 희생하며 살아가고 있는 이 놀라운 사건을 생각하고, 고백하며, 거기에 대해 감사하게 되는 것입니다. 이것을 하이데거는 "죽음은 존재의 베일이고, 존재의 산맥이며, 무의 관이다"라고 표현하고 있는 것이지요. 죽음은 우리 자신의 모습을 드러냄과 동시에 우리 존재 전체의 모습을 인간에게 생각하게 하고, 고백하게 하며, 또한 감사하게 합니다. 죽음은 그런 역할을 합니다. 그리고 이것이 하이데거가 자신의 말년에 떠올린 죽음입니다.

＊＊＊

이야기를 정리해 봅시다.

죽음이 어쩔 수 없는 것이라 여러분의 마음을 뒤숭숭하게 만들고 있나요? 예. 어쩌면 그것은 당연한 반응입니다. 그러나 동시에 잊지 맙시다. 죽음은 이미 우리 곁에 있기에 단순히 부정적이고 괴로운 것으로만 여겨질 수 없다는 것을요. 본래적인 나를 찾게 하고, 나를 알게 하며, 우리가 살아가는 전체의 존재를 보게 하는 힘이 이 죽음을 통해 나타나기 때문입니다. 제대로 살기 위해서는 제대로 죽을 수 있기를 준비해야 합니다. 여러분은 어떤가요? 제대로 살기 위해 제대로 죽을 준비를 하고 있나요?

– 이관표

가장 충만하게 있게 될 준비

무Nichts

무? 우선은 그냥 없음이다!

여러분은 무엇인가가 없어서 힘들었던 적이 있나요? 없다는 것은 일단 힘들고 고통을 주는 상태인 것은 맞는 것 같습니다. 한마디로 부정적 상황이죠. 돈이 없으면 어떤가요? 가지고 싶은 것을 가질 수 없고, 더 심하면 밥도 굶어야 하죠. 가족이 없거나 날 사랑해 주는 사람이 없는 것은 어떤가요? 많이 힘들 겁니다. 아니 아마도 삶을 유지할 마음이 없어질 겁니다. 앞서 말한 대로 돈이 없는 것, 가족이 없는 것, 혹은 나를 사랑해 주는 누군가가 없다는 것은 분명히 부정적 현상이고 우리에게 고통이 되는 것이 맞습니다. 물론 '불행한 일이 없다', '병이 없다', '별다른 사건이 없다'는 표현은 어떨 땐 잘된 무엇인가를 느끼게 해 줍니다. 그래도 우리에게 부정적인 것이 없게 된다는 것은 부정의 부정이 되어서 긍정이 되는 그런 표현

법의 문제일 뿐인 것 같습니다. 그 부정적 상황과 나와의 관계가 없다는 뜻으로 읽히기도 합니다. 어찌 됐든 없음이란 일종의 결핍이고 우리는 이것을 무라고 부릅니다.

무에도 몇 가지 종류가 있다?

'무'는 우선 단순히 무엇인가가 결핍되거나 없는 상태를 말하는 것으로 보입니다. 예를 들어, 어제 내가 아버지한테 용돈을 3만 원 받았는데, 그것을 길바닥에 흘려서 집에 와 보니 없어진 경우를 생각해 봅시다. 이때 그 용돈 3만 원은 나에게 없음, 즉 무가 됩니다. 3만 원이 내 주머니 혹은 지갑에 있다가 지금은 없습니다. 다시 말해, 있던 것이 없던 것이 되었습니다. 약속도 이런 경우가 많죠? 애인과 오늘 저녁에 데이트 약속을 했다고 칩시다. 그러면 분명 이 약속은 나와 내 애인 사이의 머릿속에라도 분명 있는 것입니다. 그런데 급한 일이 생겨 이 약속을 취소했다고 해 봅시다. 그러면 이 약속은 없음이 됩니다. 즉, 있던 것이 없는 것이 되었습니다. 그런데 이와 다르게 처음부터 내가 생각도 못 해 봤고, 있어 본 적도 없는 그런 것도 있지 않을까요?

사실 쉽지 않지만, 이렇게 예를 들어 보겠습니다. "이순신 장군님이 가지고 계셨던 5조 원어치의 오만원권 다발"이라는 대상은 처음부터 존재하지 않았습니다. 있다가 사라진 나의 3만 원과 다르게 위에서 말한 이순신 장군님의 5조 원어치 오만원권 다발은 있지도 않았고, 있을 수도 없으며, 앞으로도 있을 가능성은 전혀 없습니다. 제가 억지로 만들어 내었으니 무엇인가 의미 있는 것으로 보이는 것일 뿐, 제가 만들어 내지 않았으면 그 누구도 떠올리지 않았을 그런 것입니다. '것'이라는 단어를 쓰기에도 어색할 정도죠. 최소한 제가 가지고 있다가 잃어버린 3만 원과 이순신 장군님의 5조 원어치 오만원권 다발은 없음이라는 면에서는 같은 것으로 보이지만 그것이 단순히 같다고는 말할 수 없습니다.

전통적으로 이러한 무, 즉 없음의 종류의 문제는 꽤 중요한 내용으로 언급되어 왔습니다. 있었다가 사라진 것, 혹은 있을 수 있지만 지금은 없는 것을 전통적으로는 '상대적 무'라고 불렀습니다. 그리고 이와 다르게 있지도 않았고, 있을 가능성도 없는 것, 아니 생각조차 할 수 없던 그런 없음도 부르는 이름이 있었습니다. 그것은 상대적 무와 다르게 '절대적 무'라고 불렀습니다. 물론 전통 철학이나 사상은 이 무 혹은 없음을 그리 좋아하지는 않았습니다. 왜냐하면 무엇인가가 없다는 것은 늘 부정적이고, 그래서 나에게 고통을 주거나 나의 생명을 위협하는 그런 것처럼 여겨졌기 때문입니다. 생각해 봅시다. 내가 정말 아끼던 어떤 것이 없어진다면, 그리고 결국 나 자신이 없어진다면, 그것은 과연 좋은 일일까요? 힘든 일을 겪을 때는 그냥 사라져 버리고 싶지만 보통 그러지 않지요. 인간이라면 누구든 늘 사라지는 것이 두렵고, 무엇인가가 결핍되는 것이 고통스럽게 느껴지는 것이 당연합니다. 없음은 늘 나를 위협하는 법입니다.

전통 철학이나 사상 역시 이러한 인간의 본능에 충실합니다. 무를 잘 다루려 하지 않았고, 그것에 대해 말하기를 꺼렸습니다. 하지만 하이데거는 오히려 더욱 적극적으로 무 혹은 없음을 이야기합니다. 그는 인간과 그의 있음에 관심을 가지고 파헤칠 때 이 무 혹은 없음이 피해서는 안 되는 중요한 연구 재료라고 주장합니다. 오히려 이것과 떡하니 마주치는 그 순간에 우리는 지금까지 생각하지 못했던 우리의 진짜 모습을 발견하게 된다고 말합니다.

어쩌면 우리가 무 혹은 없음에 대해 두려워하고 불편해하는 것은 우리가 우리 삶에 집착하고, 또한 있는 어떤 것을 계속 갖고 싶어서 그러는 것일 수도 있습니다. 계속 살고 싶은 욕구 때문에, 어떤 것을 소유해서 거기로부터 안전함 혹은 안정감을 느끼고 싶어 하는 것이지요. 오히려 나 자신은 삶과 죽음에 대해 깊이 생각하면 더욱 비극적인 것만 느끼기에 힘든 것일 수 있습니다. 그리고 이러한 비극적인 느낌을 떨쳐 버리기 위해 우리는 당장 빠져 있을 어떤 것을 정하고, 그것에 빠져 있고 싶어 합니다. 어떤 것에 깊이 집착하면 언젠가 우리가 사라져 버린다는 그런 확고한 사실은 다 잊을 수 있을 테니까요.

물론 하이데거는 무 혹은 없음을 처음부터 중요한 주제로 다루지는 않았습니다. 처음에 무는 죽음과 관련되어서만 언급되었습니다. 죽음은 인간에게 필연적인 어떤 것이지만, 그것이 덮치고 나면 인간은 무가 되어 버린다는 그런 내용이었습니다. 그런데 무를 말하기 어려운 것은 당연합니다. 없는 것을 말할 수는 없으니까요. 그저 무는 죽음을 통해 인간에게 덮쳐 오는데, 그냥 부정적인 것만이 아니라 인간이 사실상 다른 것들과 관계가 없었음을 알려 주는 그런 장치로 언급되곤 했습니다. 죽게 되면 우리는 이 세계를 떠날 것이고, 그래서 이 세계 안의 것들과 아무 상관이 없다는 말입니다.

이렇게 무는 죽음 때문에, 즉 인간이 죽어서 사라지기 때문에 그가 처음부터 다른 그 어떤 것과도 관계되어 있지 않았음, 나아가 그러한 관계라는 것은 처음부터 없었음을 지칭합니다. 인간이 태어날 때 사실 그 어떤 것과도 관계되어 있지 않았다는 것은 사실이니까요. 또한, 그는 언젠가 죽을 텐데 사실 생각해 보면 관계에 무슨 의미가 있겠습니까? 죽기 때문에 그 어떤 관계도 그저 임시적일 뿐, 어떤 실체가 있는 것은 아닌 셈입니다. 죽음이 결국 무로 사라지는 그런 사건이라면, 그리고 인간이 이 죽음을 안고 태어났다면, 그래서 그는 태어나자마자 죽어 가고 있는 그런 상태라면, 거기에는 그저 텅 비어 버림, 즉 무만이 도사릴 뿐입니다.

　이처럼 죽음이 주는 불안한 느낌, 그리고 비극적이게도 그 느낌을 알고 있고 깨닫는 인간은 사실 자기와 더불어 모든 것이 무에 불과함을 경험합니다. 무는 그 자체로는 아무것도 아니지만, 그것은 인간을 모든 것이 아무것도 아니라는 확고한 사실, 혹은 때때로 잔인할 수도 있는 그런 사실에 직면하게 만드는 듯합니다. 우리가 앞서 말했던 하이데거의 불안이라는 기분이 이런 겁니다. 사실상 내 삶에서 그 어떤 것도 의미를 가지지 못한다는 것, 아무것도 아닌데, 그 어떤 관계도 사실상 없는 것인데, 나는 그렇게 무엇인가에 집착했다는 것입니다. 더 가지려 했고, 더 얻으려 했으며, 더 뺏으려 했고, 그렇게 없음의 세상을 잊어버리려 무엇이든 해 왔던 것이지요. 마치 있는 것을 더 많이 가지고, 어딘가에 더 많이 관계되어 있으면 왠지 든든하며, 그래서 비극적인 감정인 불안을 이겨 낼 수 있다고 착각했었습니다. 그러나 그건 답이 아니었습니다. 왜냐하면 이미 내가 죽을 수밖에 없는 자인 한에서 무는 내 곁에 머물러 있기 때문입니다. 나의 삶은 사실 무와 함께 있으며, 그렇기에 나는 있지만 동시에 없는 그런 존재자였습니다. 나는 살아 있지만, 이 살아 있음은 늘 없음 안에서, 없어짐을 경험하는 그런 것이었던 셈이지요.

무는 신비하다

나이를 먹으면 인간의 생각도 조금은 변합니다. 여러 곳에서 언급했지만, 하이데거도 그의 사상을 나이에 따라 조금씩 변화시킵니다. 그리고 무도 기존의 실존적인, 인간적인 어떤 모습에서 점점 신비화된 개념으로 변모합니다. 진짜 무, 진정한 무는 사실 우리가 있는 모습의 충만함을 담고 있다는 것입니다. 그래서 무는 존재와 함께 있을 뿐만 아니라, 또한 동일하다고 말해집니다. 이것은 무슨 의미일까요? 아마도 이 말은 우리가 사실 살아 있다는 것이 또한 없어지는 과정 안에 있기 때문에 가능할 겁니다. 그래서 사실 가장 잘 존재한다는 것은 가장 잘 없어지고 있는 과정이 아닐까요?

우리 어렵겠지만 철학 한번 해 봅시다. 한번 눈을 감고 생각한 다음에 답을 말해 보기 바랍니다. "삶"의 반대말은 무엇인가요? "안 삶"인가요? "무 삶"인가요? 혹은 "죽음"인가요? 일반적으로 우리는 그렇게 알고 있습니다. 삶의 반대는 죽음이겠지요. 마치 낮의 반대가 밤이고, 남자의 반대가 여자인 것처럼, 그렇게 삶의 반대는 죽음이라고 생각되지요. 그런데 삶은 늘 시간을 소유하고 있지 않나요? 삶이라고 우리는 말을 하지만 사실 삶에는 늘 현재진행형이 붙어 있어야 한다는 말입니다. 삶에 -ing를 붙여 보겠습니다. "살아가고 있다" 정도가 우리의 삶을 잘 표현하는 문장이 아닐까 하고 생각합니다. 그렇습니다. 우리는 살아가고 있습니다. 그렇다면, 제가 다시 물어볼게요. "살아가고 있다"의 반대말은 무엇인가요? "죽어 가고 있다"인가요? 아마도 당장 떠오르는 대답은 그럴 겁니다. 살아가고 있다 혹은 살아 있다의 반대는 죽어 가고 있다 혹은 죽고 있다 정도가 되겠지요. 그런데 우리의 인생 전체를 통해 본다면, 살아가고 있다는 것,

즉 살아 있다는 것이 결국 죽어 가고 있다 혹은 죽고 있다를 의미하지 않나요? 우리는 목숨을 가지고 살아가고 있는데, 결국 이 과정은 죽음을 향해 살아가는 것, 즉 죽어 가고 있는 과정이라고 생각됩니다.

너무 부정적이라서 기분이 그렇다면, 우리 낮과 밤을 통해 이야기해 보지요. 낮과 밤은 서로 다른 단어, 다른 개념, 다른 현상이라고 말해집니다. 그러나 생각해 보면 낮과 밤은 서로 다른 것이 아니라 시간의 일정한 순간만을 애매모호하게 구분하는 단어들이라는 것을 알 수 있습니다. 낮이 밝다는 것은 곧 밤이 곧 시작된다는 신호와 같습니다. 밤이 깊다는 것은 결국 낮이 밝을 것임을 의미합니다. 어쩌면 가장 깊은 밤이 이르면 바로 거기로부터 낮이 시작되고 있고, 가장 밝은 낮이 이르면 바로 거기로부터 비로소 밤이 시작되는 것이 아닐까요?

존재와 무가 동일하다. 공속한다. 함께 있다는 하이데거의 말은 아마도 이것을 가장 잘 보여 주는 것이라 생각됩니다. 즉, 가장 잘 존재하는 것이 가장 잘 없어지는 것이라는 말은 우리가 살아가고 있는 이 있음의 세계를 너무 명확히 기술하고 있다는 것입니다. 존재함이 가장 뚜렷하게 나타날 때, 그때 당장은 감추어져 있지만, 무는, 즉 그 존재의 없어짐은 비로소 시작됩니다. 당장은 무가 저 너머에 머물러 있기에, 즉 그것이 자신을 무화Nichtung하기에, 그래서 존재함이 찬찬하게 빛날 수 있습니다. 사실상 존재함은 무의 도움 때문에 가능한 셈이지요.

무는 존재를 신비롭게 해 준다

물론 이러한 존재와 무가 함께 만들어 내는 우리의 존재함은 인간이 가진 생각에 따라 마음대로 할 수 있는 것이 아닙니다. 오히려 하이데거는 존재 자체가 우리의 존재함과 무를 그렇게 하고 있다, 즉 그것의 선물이 우리의 존재함과 무라고 말합니다. 어떤 것이 있다는 이 놀라운 사실은 우리가 알 수 없는 영역, 즉 존재 자체의 영역이 우리의 능력과 상관없이 그렇게 사건을 일으키고 있다는 것입니다.

종교에서나 나올 것 같은 이 이야기는 사실 우리의 존재함이 그 목적이나 이유 등을 알 수 없는 사건Ereignis이기 때문에 그렇게 말할 수 있습니다. 사건은 그 자체로 우리의 목적이나 이유 등과 상관없이 발생합니다. 우리는 우리가 계획한 것을 사건이라고 부르지 않습니다. 그것은 계획한 결과에 따라 나타나는 결과물이고 예측 가능한 것이니까요. 그런데 존재함이라는 것은 우리가 그렇게 하겠다고 계획해서 시작되었거나 혹은 발생하는 것이 아닙니다. 그저 우리가 생각하는 것을 넘어 본래 그러했고 또한 그러하고 있는 것이지요. 그래서 하이데거는 이것을 종교적 언어처럼 그렇게 말할 수밖에 없다고 생각합니다.

존재는 사건이고, 무와 엮여 있어서 우리의 생각이 접근하기도 어려우며, 또한 철저히 주어지는 것입니다. 그것은 우리가 보았을 때 우연히 주어지는 사건으로만 말해질 수 있습니다. 그래서 존재는 자체로 무와 함께 있고, 존재와 무가 동일하다고 하이데거는 말하는 것입니다. 존재는 없어지는 사건이기에 존재와 무는 동일하고, 또한 우리가 그 존재함 자체에 접근할 수 없기에 존재와 무는 동일한 셈입니다. 보다 적극적으로 말하면, 존재는 은혜이자 선물이라고까지 할 수 있습니다. 사실 사라지고 없어져도 그만인 그런 것들이 존재하게 되었다는 것, 그러나 그것의 목적도 이유도 모르고 그저 그것을 누리고 있다는 것, 이러한 의미에서 존재함은 은혜이자 선물이고 그 자체로 신비라는 것입니다.

* * *

이야기를 정리해 봅시다.

무란 우리에게 일단은 무섭고 두려운 어떤 것임이 분명합니다. 그것은 죽음과 관련되어 우리의 존재를 위협한다는 점에서 결코 편하지 않지요. 하지만 하이데거의 생각들을 따라가다 보면 결국 그 무섭고, 두려우며, 불편한 어떤 현상이 이미 우리와 함께 있었음을 알게 됩니다. 그렇지만 그것은 무섭고, 두려우며, 불편하기만 한 어떤 현상이 아니라 사실상 우리의 존재함 곁에 있고, 또한 존재함의 또 다른 표현이라고 말할 수 있습니다. 그것은 우리의 손을 벗어나 있지만 동시에 우리에게 존재함을 선사하는 신비이며, 선물이고 은혜의 사건이라는 것입니다.

무란 존재와 함께 있고, 또한 존재함의 사건을 일컫는 또 다른 표현입니다. 무는 어떤 때에는 두려움과 날카로움으로 우리의 생명을 위협하는 것으로 보이지만, 동시에 우리로 하여금 존재함의 놀라움과 신비로움을 깨닫게 하는 중요한 현상이어서 그렇습니다. 그래서 하이데거는 이렇게 말하나 봅니다. 인간은 존재의 목자(양치기)이자 무의 자리지기라고 말입니다. 인간은 존재를 목자처럼 지키고 무가 머무는 곳에 함께 머물러 있다는 것이지요. 여러분은 무와 함께 머물 자신이 있으신가요? 그래서 존재의 그 신비를 양처럼 소중하게 지켜 주실 수 있나요?

– 이관표

구두 그림과 존재자의 진리

예술Kunst

누구의 구두일까?

빈센트 반 고흐는 너무나 많은 이에게 사랑받는 위대한 화가입니다. 한 팝송 가수는 그의 그림들을 보며 느낀 감동을 〈Vincent〉라는 노래에 담아 사람들에게 들려주기도 했고, 가왕歌王이라 불리며 1980년대 우리나라 대중가요계를 풍미한 한 가수의 〈킬리만자로의 표범〉이라는 노래에는 "나보다 더 불행하게 살다 간 고흐라는 사나이도 있었는데"라는 낭송 가사가 나옵니다.

거의 모든 나라에서 한 화가의 개인전이 열릴 때 가장 많은 관람객이 찾는 전시회도 바로 그의 전시회라고들 합니다. 그래선지 지독히도 가난하고 고독했던 삶을 뒤로하고 하늘의 별이 된 후 그는 정말 수많은 이에게 영감의 원천이 되었습니다. 하이데거도 그중 한 사람입니다. 예술이란 무엇인가에 대해 깊이 생각해 보게 되었을 때, 그는 주저 없이 고흐의 회화 작품 한 점을 들어 예술에 대한 자기 생각을 제시합니다.

고흐가 남긴 수많은 작품 중 우리에게 친숙한 것들로는 그의 자화상, 해바라기 그림 등이 떠오를 겁니다. 한 팝 가수가 지어 부른 〈Vincent〉라는 곡에 영감의 원천이 된 〈별이 빛나는 밤〉도 빼놓을 수 없죠. 그런데 하이데거가 고른 작품은 우리의 예상을 보기 좋게 빗나간, 이런 것들과는 거리가 먼 낡은 구두 그림이었습니다. 이 그림이 어떤 그림인지 하이데거가 말해 주지 않기에 정확하게 알기는 어렵지만, 아주 높은 확률로 그 작품이라 추측되는 게 있습니다.

20세기 가장 위대한 미술사가 중 한 사람으로 인정받는 마이어 샤피로라는 사람이 하이데거에게 편지를 보내 어떤 전시회에서 그 그림을 보았는지 물었습니다. 하이데거가 그 편지에 답장하면서 자신이 그 그림을 보았던 전시회를 알려 주자, 그는 그 전시회 도록을 뒤진 끝에 하이데거의 글에서 묘사된 그림이라고 여겨지는 아래의 작품을 골라내었습니다. 이후 거의 모든 이가 그것이 예술에 관한 하이데거의 철학적 사유에 영감을 불어넣어 주었던 바로 그 작품이라고 믿고 있습니다.

하이데거는 이것이 농부 아낙네의 구두라고 말하고는 그 구두를 둘러싸고 펼쳐지는 삶의 모습을 다양한 방식으로 묘사하면서 예술작품이 무엇이고 작품 창작 활동인 예술이 무엇인지에 대해 자기 생각을 펼쳐 냅니다. 그런데 샤피로는 하이데거의 이런 생각에 이의를 제기하면서 자신이 보기에, 이 구두는 도시인의 구두, 심지어 그림을 그릴 당시 프랑스 파리에 살고 있던 고흐 자신의 구두라고 주장합니다.

하이데거가 그의 이의 제기에 아무런 대꾸도 하지 않았기에 직접적인 논쟁으로 이어지지는 않았지만, 20세기 가장 위대한 서양 철학자 중 한

빈센트 반 고흐의 구두 그림, 위키피디아에서 전재

사람과 가장 위대한 미술사학자 중 한 사람의 이런 견해차는 이후 많은 이에게 이 구두가 누구의 것일까에 대한 궁금증을 불러일으켰습니다. 그런데 20세기 후반 세계적 철학자 중 한 사람인 자크 데리다라는 사람이 갑자기 끼어들어 한마디 했습니다. 누구의 구두든 무슨 상관이 있느냐며 중요한 건 그때그때 느끼는 감상자의 감상일 뿐이라고 말이죠.

하이데거가 처음 이런 주장을 했을 때는 1935년이고, 샤피로의 반박은 1968년이며, 데리다가 끼어든 건 1978년이니까 40여 년이라는 세월에 걸쳐 전개된 20세기 최고의 예술 논쟁 중 하나에서 제시된 세 사람의 견해 속에는 예술작품의 의미에 관해 오늘날까지 제기된 가장 중요한 세 가지 이론이 모두 담겨 있습니다.

샤피로는 근대 이후 오랫동안 정설로 받아들여졌고 오늘날에도 여전히 많은 이가 그렇다고 믿는 작가론에 한 표를 던졌습니다. 예술작품의 의미는 오롯이 그것을 창작한 작가의 의도나 삶에 의해 결정되어야 한다는 거죠. 반면 하이데거는 작가의 중요성을 부인하지는 않았지만, 작품의 의미는 궁극적으로는 작품 자체에서 찾아야 한다고 주장합니다. 데리다의 주장은 20세기 이후 현대 예술계에서 큰 반향을 불러일으키고 있는, 예술작품의 의미는 결국 감상자(수용자)에 의해서 결정된다는 수용미학적 관점에 가깝습니다. 여러분은 어떤 견해가 더 설득력이 있다고 생각하시는가요?

작품만이 중요한가?

하이데거는 이런 논쟁을 예감이라도 한 듯 자신이 설명한 작품의 내용은 감상자의 자의적 해석도, 위대한 예술가의 의도에 대한 충실한 해석도 아니라고 말합니다. 심지어 그는 창작되었다는 특성이 작품에서 가장 순수하게 드러나려면 그것을 제작한 예술가나 작품이 탄생하는 과정, 그 주변 환경이 알려지지 않은 채로 남아 있어야 한다고까지 주장합니다.

과연 그럴까요? 많은 이는 어떤 작품이 자신이 흠모해 마지않는 위대한 어떤 예술가의 작품이기에 더 열광하는데 말이죠. 또 어떤 이들은 아무리 위대한 작가의 훌륭한 작품이라도 자신에게는 아무런 감흥도 느껴지지 않는다고 말하면서 감상하는 내가 무엇을 어떻게 느끼는가가 중요하다고 주장하기도 합니다. 이 물음에 대한 답은 아마도 각자가 자신의 세계관이나 예술관에 근거하여 깊이 생각해 보고 결론을 내린 다음에야 얻게 될 겁니다. 하지만 하이데거의 말 속에는 겉으로 보기에 전혀 화해가 어려워 보이는 이런 견해차를 넘어서는 깊은 통찰이 담겨 있습니다.

노숙인 인문학 예술사 수업 담당 교수였던 필자는 매년 수강생들에게 위의 그림을 보여 주면서 어떤 느낌이 드느냐고 물었습니다. 신기하게도 10여 년이 넘는 세월 동안 매해 거의 모든 수강생이 그 구두 주인의 고단했을 인생에 관해 이야기했습니다. 낡은 구두를 아주 잘 묘사해서 진짜같이 그렸다는 감상평은 거의 없었습니다. 심지어 이 작품에 묘사된 구두의 아름다움에 관해서는 아무도 말하지 않았습니다.

서양 사람들은 예술에 관해 이야기할 때면 언제나 예술 행위는 "아름다운 자연의 모방"이라고 말해 왔습니다. 이런 주장과는 너무도 거리가 먼 수강생들의 이런 반응을 어떻게 해석해야 할까요? 심지어 이들 중에는 고흐의 작품을 제대로 감상해 본 적이 한 번도 없는 이들이 태반이었습니다. 게다가 그렇게 대답하고서는 곧바로 자신의 험한 인생길에 관한 이야기보따리를 풀어놓곤 했습니다. 물론 필자가 작품을 그린 화가가 고흐라는 사실을 말해 주면, 그의 삶과 예술에 대한 열정에 많은 관심을 보였고 자화상이나 해바라기 그림 같은 다른 작품들도 감상하면서 작가의 삶을 더 깊이 알아 가기도 했지만 말이죠.

예술은 존재자의 진리를 작품 속에 담아내는 일이다

그분들에게 가장 먼저 다가온 것은 낡은 구두에서 느껴지는 고단한 인간의 삶 그 자체였습니다. 사실 그 그림이 꼭 고흐의 것이 아니었더라도 많은 이가 이런 식으로 반응했을 겁니다. 누군가에 의해 창작되는 것이 꼭 필요하기는 하죠. 하지만 그렇다고 그의 모든 작품이 당연히 우리에게 깊은 감동을 자아내는 것은 아닙니다. 예술작품이 보여 주는 대상이 실제 대상과 일치하는 것만으로는 부족합니다. 그 작품 안에는 누구나 살아가는 동안 느끼게 되는, 하지만 일상의 삶에 매몰되어 있을 때는 주목하지 않게 되는 무언가가 담겨 있어야 합니다. 하이데거의 말을 빌리자면 존재자의 진리가 작품 속에 담겨 있어야 합니다. 존재자의 모습이 은폐되지 않고 있는 그대로 드러나 있어야 합니다. 이에 대한 자세한 내용은 이 책의 '진리' 장을 참고하시기 바랍니다.

이 말이 무슨 뜻인지는 짐 캐리가 주연한 영화 《트루먼 쇼》의 예를 생각해 보면 분명하게 드러납니다. 영화 속 주인공 트루먼이 태어나서 경험한 모든 것, 그가 만났던 사람들, 그때 나눴던 대화 등등은 자신이 24시간 인터넷으로 생방송되는 드라마의 주인공이라는 사실 빼고는 모두 참이었습니다. 실제로 그들이 언급한 날씨가 트루먼이 보기에는 정말로 그랬고, 길거리에서 본 나무와 꽃들도 진짜였을 테니까요. 하지만 가장 결정적인 사실이 그에게 은폐되어 있었기에 그의 모든 인생 경험은 참된 진리와는 아무런 상관도 없는 기만이자 허위였습니다.

마찬가지로 구두의 진짜 존재 의미는 그것의 정확한 제원(재료, 크기, 화학적 성질 등등)을 밝혀낸다고 해서 드러나지 않습니다. 구두의 생김새를 똑같이 화폭에 옮겨 놓거나 조각해 놓는다고 해도 마찬가지죠. 구두를 신고 삶을 살아가는 인간의 삶의 모습이 그 안에 어떤 방식으로든 담겨 있어서 보는 사람이 그것을 느낄 수 있게 해 주어야 구두의 존재 의미가 드러나니까요. 앞서 말했던 노숙인 수강생들의 반응도 이런 전제하에서만 가능할 겁니다.

물론 작품 속에 담긴 진리를 제대로 마주하려면 윤동주의 시 「자화상」에서처럼 일상의 번잡함에서 떠나 "산모퉁이를 돌아 논가 외딴 우물을 홀로 찾아가선 가만히 들여다"보면서 세상에 대해, 자신의 인생에 대해 깊이 사색에 잠기는 시간이 필요할 겁니다. 그러면 우리는 작품 가까이에서 갑자기 우리가 익숙하게 있던 곳과는 다른 곳에 있게 되고, 우리 마음대로 작품을 해석하는 것이 아니라 작품에 담겨 있는 내용을 비로소 제대로 만나고 느낄 수 있게 됩니다.

감상하는 사람이 이렇듯 작품의 진정한 의미를 제대로 볼 때야 비로소 작품에 담겨 있는 진리가 감상자의 내면에서 그 빛을 제대로 발하게 됩니다. 따라서 존재자의 진리를 작품 속에 담아 놓는 예술가도 당연히 필요하고 그 작품을 제대로 감상하는 감상자도 당연히 필요하지만, 무엇보다 중요한 것은 바로 그 진리를 자신 안에 담고 있는 작품일 수밖에 없겠죠?

20세기 중엽에 등장해 많은 주목을 받았던 신비평New Criticism이라는 문예비평 이론이 있습니다. 그 내용을 조금만 바꿔 놓으면 다른 예술 장르에도 적용할 수 있을 이 이론의 핵심은 예술작품을 제대로 감상하려면 창작자의 의도도, 감상자의 상태도 중요하지 않고 오직 작품의 내용만이 중요하다는 겁니다.

하지만 작품 절대론이라고까지 불리는 이 입장과 하이데거의 입장 사이에는 근본적 차이가 존재합니다. 하이데거는 창작자를 무시하지도, 감상자의 역할을 과소평가하지도 않았지만, 중요한 것은 작품 속에 존재자의 진리를 담아 놓는 일이고, 그래야만 다른 모든 게 참된 의미를 갖게 된다는 통찰을 우리에게 제시해 줍니다. 위대한 예술작품이 예술가를 비로소 참된, 위대한 예술가로 만들어 주며 그런 작품이 있어야만 감상 행위가 참된 의미를 갖게 된다는 거죠.

✻ ✻ ✻

이야기를 정리해 봅시다.

오늘날 어떤 사람들은 예술작품의 의미는 위대한 예술가가 작품 속에 담아 놓은 예술혼, 그의 사상 등에 의해 결정된다고 믿기도 하고 다른 사람들은 예술작품은 감상하는 사람에 따라 그 의미가 달라질 수 있다고 주장하기도 합니다. 하지만 하이데거는 그렇지 않다고 말합니다. 고흐의 낡은 구두 그림에서처럼 예술작품의 의미는 그 작품에 예술가가 담아 놓은, 숨겨지지 않고 드러나 있는 존재자의 참된 모습에 의해 결정된다는 게 그의 생각입니다. 그렇다고 예술가와 감상자를 완전히 배제하고 작품의 내용만을 분석하자는 건 아닙니다. 오히려 예술가를 비로소 진정한 예술가가 되게 해 주고, 감상하는 사람이 무언가 참된 깨달음을 얻었다고 말할 수 있으려면 존재자의 진리가 그 안에 담겨 있는 작품이 존재해야 합니다. 물론 그 진리를 마주할 수 있으려면 일상의 번잡함에서 떠나 작품에 침잠할 수 있는 시간이 필요할 테지만 말이죠.

- 김동훈

세계와 대지의 다툼의 장인 예술작품

대지Erde

대지는 모든 생명의 원천이다

봄이 되어 겨우내 꽁꽁 얼어 있던 땅이 녹기 시작하면 보는 이 누구나 감탄해 마지않는 생명의 축제가 펼쳐집니다. 여기저기 싹이 터 자라나고 이내 꽃이 흐드러지게 피어나면, 모두 그 향기에 취해 들뜬 마음으로 봄의 정취에 젖어 들게 되죠. 그래서 어떤 음악가는 "봄이 오면 산에 들에 진달래 피네. 진달래 피는 곳에 내 마음도 피어"라고 노래했겠죠. 여름이면 무성해지는 잎사귀에서 충만한 생명력을 느끼지만, 푸르던 잎들은 형형색색의 마지막 찬란함을 뽐낸 다음 어느새 하나둘 땅에 떨어져 생을 마감합니다. 열매의 풍성함을 뒤로하고 모든 잎을 떨궈 내린 나무는 혹독한 겨울나기를 준비하면서 다음 해를 기약합니다.

고대 그리스인들은 이 현상을 보면서 매우 흥미로운 신화적 사건을 지어냈습니다. 대지의 여신 데메테르의 딸 페르세포네의 미모에 반한 지하 세계의 왕 하데스가 그녀를 납치합니다. 그러자 대지의 여신은 딸을 잃은 슬픔에 잠겨 대지를 돌보지 않게 되고 온 세상에 기근이 듭니다. 이를 보다 못한 제우스의 중재로 페르세포네는 한 해의 절반은 어머니 데메테르와 나머지 절반은 하데스와 보내게 됩니다. 오늘날의 언어로 풀어 보자면 대지는 우리에게 풍성한 먹거리를 제공해 주고 마실 물을 제공해 주는 고마운 존재이지만 동시에 하데스로 대변되는 지하 세계, 죽음이 지배하는 불모의 세계로 공포의 대상이기도 합니다.

이렇듯 매해 반복되는 생명의 탄생, 성장, 소멸의 드라마가 펼쳐지는 장을 우리는 보통 자연이라 부릅니다. 오늘날 물리학을 뜻하는 영어 단어 physics의 어원이 된 고대 그리스어 phŭsĭs는 원래 '자라다, 성장하다'라는 뜻을 지닌 동사 phŭō의 명사형으로 생명체의 성장(과정)을 가리키는 말이었습니다. 고대 로마인들은 이와 비슷한 뜻으로 '생기다, 태어나다'라는 뜻을 지닌 동사의 명사형인 natura를 사용했습니다. 이것이 나중에는 무언가를 탄생하게 하는 힘, 그런 능력을 지닌 존재자, 즉 신을 가리키는 말로도 쓰였고 그렇게 해서 탄생하는 존재자, 즉 모든 피조물을 가리키는 데 사용되었습니다. 그리고 태어날 때부터 지니게 되는 본성을 가리키는 말로도 사용했죠. 오늘날 영어를 비롯한 여러 유럽 언어에서 자연을 가리키는 단어 nature의 어원이 바로 이 단어입니다. 사전을 찾아보면 이 단어의 뜻으로 자연, 본성이 함께 등장하게 되는 이유가 여기에 있습니다.

그런데 왜 탄생, 성장을 가리키는 말이 자연, 본성을 가리키게 된 걸까요? 태어나서 자라 어른이 되면 어떤 생명체든 예외 없이 늙고 죽어 사라지게 됩니다. 게다가 이 모든 과정은 인간의 손이 닿지 않아도 언제나 우리 눈앞에서 펼쳐집니다. 그래서 고대 그리스인이나 로마인들에게 자연은 만물이 생성 소멸하는 장이면서 동시에 그런 모든 과정을 가리키게 되었죠. 하지만 이들의 생각은 거기에만 머무르지 않고 이렇듯 존재하는 만물이 천변만화하는 과정을 가능하게 해 주는 어떤 근원적 존재 혹은 원리에까지 미치게 됩니다.

이런 근원적 존재나 원리를 여러 신을 통해 설명하려 했던 고대 인류는 거의 어느 민족이든 예외 없이 대지의 신을 섬겼습니다. 대지는 모든 생명이 그 안에서 나오고 다시 거기로 돌아가는 곳이었습니다. 성서에서도 인생은 "흙에서 나와 흙으로 돌아가는" 과정이라고 말합니다. 사실 우리네 인간의 삶도 땅에 깃들임을 통해서 가능해졌습니다. 방랑하던 유랑 민족도, 한곳에 정착하기 시작했던 농경 민족도 땅에 깃들여 산다는 점에서는 마찬가지였고요. 인간이 삶을 이루고 살아가는 영역을 우리는 인간의 영역, 세계世界라 부릅니다. 그러니까 세계는 대지에 발을 딛고 깃들여 살아감을 전제로 해서만 존재할 수 있습니다.

대지는 세계와 다투고 있다

모든 생명의 근원이자 종착점인 대지에 깃들임으로써 인간은 자기 삶의 터전을 마련합니다. 그런데 대지는 이렇듯 인간의 모든 삶을 가능하게 하면서도 그에게 자신을 완전히 드러내 보여 주지는 않습니다. 동서양을 막론하고 고대인들은 이렇듯 그 안을 들여다볼 수 없는 땅의 이면, 지하 세계를 불길한 영역으로까지 여겼다죠. 고대 그리스인들이 죽은 자들의 거처로 믿었던 하데스, 동아시아의 고대인들이 믿었던 지옥처럼 대지는 무시무시한 상상의 원천이었습니다.

그래서 대지는 묘한 양면성을 지닙니다. 한편으로는 자신을 내어 줌으로써 모든 생명을 가능하게 하면서도 자신의 가장 깊은 내면에는 그 누구도 들어오지 못하게 만드는 폐쇄성을 지니는 거죠. 특히 인간이 대지에 속하는 사물들을 자연과학적으로, 수학적으로만 파악하려고 할 때, 대지는 자신의 모습을 점점 더 완강하게 숨깁니다. 하이데거에 따르면 돌을 중량으로만, 색채를 파동 수로만 분석하여 파악하면, 돌의 육중함, 색채의 빛남은 달아나 버립니다. 이런 이유로 현대 과학의 눈부신 발전은 역설적으로 대지를 진정으로 이해할 수 있는 길을 차단해 버렸다고 그는 주장합니다.

언제나 인간들은 세계 안에서 살아갑니다. 그래서 하이데거는 인간의 근본적 존재 방식을 세계-내-존재라고 말합니다. 그에 따르면 세계는 오직 인간에게만 있습니다. 돌, 식물, 심지어 동물에게도 본래 의미의 세계는 존재하지 않습니다. 물론 그도 동물에게는 세계가 전혀 없는 건 아니고 인간에게 존재하는 세계에 비해 훨씬 빈곤한 세계를 가졌다고 말하기는 하죠. 하지만 어쨌든 인간 이외의 어떤 존재자도 진정한 의미에서의 세계 안에 존재하지는 못합니다.

세계를 뜻하는 독일어 Welt는 고대 고트어로 사람을 뜻하는 wer와 '낳다, 기르다, 자라다'라는 뜻을 지닌 동사 alan의 합성어에서 유래했습니다. 따라서 세계 안에는 인간이 탄생하고 성장하는 모든 과정이 포함됩니다. 이런 세계 안에서 인간 역사의 모든 중요한 결정이 내려지고 우리 각자는 그것을 받아들이거나 그렇게 하지 않거나 하죠.

반면, 대지는 앞에서 보았듯 세계를 가능하게 하면서도 언제나 자신을 닫아거는 특징을 지니고 있습니다. 물론 자신을 전혀 보여 주지 않는 건 아닙니다. 오히려 대지는 세계를 뚫고 솟아오른다고 하이데거는 말합니다. 태풍이나 화산 폭발을 생각해 보면 이 말이 무슨 뜻인지 짐작하기란 그리 어렵지 않을 겁니다. 특히 TV 화면을 통해 21세기 초 남태평양을 덮쳤던 엄청난 쓰나미를 촬영한 영상들을 보면서 우리는 그 위력을 생생하게 목격할 수 있었습니다.

대지와 세계는 이렇듯 끊임없이 상호작용을 주고받습니다. 세계는 대지라는 토대 위에 세워진 채로 그 위에 머물면서 대지의 모습을 드러내려 합니다. 반면, 대지는 세계를 가능하게 하는 토대의 기능을 하고, 따라서 세계를 자신 안에 감싸안아 품어 줍니다. 하지만 자신을 적나라하게 드러내려는 세계의 시도는 완강하게 거부합니다. 이것을 하이데거는 '세계와 대지의 다툼'이라고 표현합니다. 그런데 이 다툼은 단순한 반목과 불화가 아닙니다. 세계와 대지가 이렇게 다투면서도 서로가 자신의 본질을 스스로 주장할 수 있게 해 주니까요. 그러니까 이런 다툼이 격해질수록 세계와 대지는 자신의 본질적인 모습을 더 분명하게 지니게 되는 거죠.

세계와 대지의 다툼은 어디에서 일어날까?

하이데거는 이런 다툼이 가장 잘 드러나는 지점이 바로 예술작품이라고 주장합니다. 그 대표적 예로 그는 해안가 절벽 위에 세워진 고대 그리스 신전을 듭니다. 이 신전을 만든 고대 그리스인들에게는 이 안에 그들 민족의 탄생과 죽음, 불행과 축복, 승리와 굴욕, 흥망과 성쇠가 담겨 있고, 신 자신이 현존했습니다.

심지어 그리스 비극에서는 옛 신들에 대항해 벌이는 새로운 신들의 싸움이 벌어집니다. 이를 통해 사람들은 무엇이 성스럽고 무엇이 비속한

지, 무엇이 고귀하고 무엇이 덧없는지, 무엇이 위대하고 무엇이 하찮은지, 무엇이 용감하고 무엇이 비겁한지, 무엇이 고귀하고 무엇이 덧없는지 등의 물음에 관해 결정한 뒤 행동하도록 내몰리게 되니까요.

실제로 고대 그리스 비극, 특히 아이스킬로스의『결박당한 프로메테우스』, 소포클레스의『오이디푸스왕』·『안티고네』등을 살펴보면 거기서는 주인공의 고통스러운 운명이 펼쳐지기만 하는 게 아닙니다. 작품 속에서는 이전 시대의 세계관과 새로운 세계관이 맞부딪히고 충돌하면서 그 작품을 접하는 이들을 선택의 결단으로 내몹니다. 그렇게 되면 이 선택의 결과로 새로운 세계가 열리게 될 테고요. 신전이나 비극 작품이 이미 단순한 구경거리나 호기심의 대상으로 전락한 오늘날의 사람들에게는 아니겠지만, 고대 그리스인들에게 그것들이 그런 기능을 했다는 사실을 부인할 사람은 없겠죠. 작품이 세계를 열어 세운다는 하이데거의 말은 바로 이런 뜻을 갖습니다.

다른 한편, 신전은 작품으로서 폐쇄적으로 자기 안에만 갇혀 있지 않

수니온곶의 포세이돈 신전, 위키피디아에서 전재, © Ángel M. Felicísimo

고 그것이 세워진 대지, 마주하고 있는 바다, 그곳에 깃들인 수많은 생명의 본래 의미가 자신을 통해 비로소 드러나게 해 줍니다. 예를 들자면 바닷가 절벽의 바위는 그 단단함을 통해 신전을 지탱하면서 거기에 계속 존재할 수 있게 해 주고, 그럼으로써 진정한 바위로 그 모습을 드러냅니다. 동시에 단순히 바위로서만이 아니라 신전을 통해 열어젖혀진 그리스 민족의 세계 안에 감싸인 채 존재하는 바위로 나타납니다.

대지 속에 존재하는 금속이나 색채, 소리와 같은 다른 모든 것도 마찬가지죠. 그러니까 작품으로서의 신전은 그 안에서 하나의 세계를 세우면서 질료(바위, 금속, 색채 등)를 소멸시키는 것이 아니라 처음으로 질료 자체로서 나타나게 합니다. 그것도 활짝 열어젖혀진 작품의 세계 안에서 나타나게 하는 거죠.

이런 의미에서 고흐의 그림 속 구두는 한편으로는 구두 주인의 세계 속에 존재하는 도구의 일종으로서의 의미를 지니지만, 그와 동시에 가죽으로 만들어졌다는 단순한 물리적 의미를 넘어서 농부 아낙네의 삶을 가능하게 하는 원천인 대지에 속해 있다는 의미를 지니기도 합니다. 물론 그렇다고 대지가 그 의미를 완전히 드러내는 건 아닙니다. 앞서 보았듯 대지는 언제나 다시 우리의 시야에서 벗어나 자신을 닫아거니까 말이죠. 그렇기에 예술작품은 언제나 세계와 대지가 벌이는 다툼의 장으로 존재합니다.

작품에 대한 감상은 나이가 들고 세상 경험이 많아질수록 조금씩 변해 갑니다. 유년기에 읽었던 『어린 왕자』의 의미와 청년, 장년, 노년이 되었을 때 느끼는 이 작품의 의미가 계속 달라지는 것처럼 말이죠. 그러나 이 모든 변화 속에서도 작품은 언제나 세계와 대지가 벌이는 다툼의 장으로 우리 앞에 놓여 있고 인류가 존재하는 한 앞으로도 계속 그렇게 존재할 겁니다.

＊ ＊ ＊

이야기를 정리해 봅시다.

앞에서 살펴본 것처럼 대지와 세계는 서로 끊임없는 다툼 속에서 서로를 더욱 그 자신답게 만들어 줍니다. 모든 생명의 근원인 대지는 세계를 탄생케 해 주고 자신 안에 품어 주면서도 그 마지막 속살은 우리에게 드러내 주지 않습니다. 반면 세계는 대지 위에 세워지지만, 대지를 드러내려는 시도를 멈추지 않습니다. 그런데 하이데거는 이런 세계와 대지의 다툼이 예술작품 속에서 가장 잘 드러난다고 주장합니다. 작품 속에서 세계의 모습이 선명하게 그 모습 그대로 드러나며, 자신을 둘러싸고 있는 대지를 대지 그 자체로 돋보이게 해 주니까요.

- 김동훈

깃들이기와 짓기, 그리고 시 짓기

시 짓기 Dichtung

예술가를 예술의 정의에서 배제해도 되는 것일까?

예술에 관해 말할 때면 사람들은 거의 누구나 작품을 창작한 예술가에 관해 말하는 데 익숙해져 있습니다. 따라서 예술작품을 누가 창작했는지가 아니라 작품이 만들어져 우리 눈앞에 존재한다는 사실 자체가 중요하다는 하이데거의 주장은 처음에는 매우 충격적으로 들릴 게 틀림없습니다. 심지어 하이데거는 위대한 예술작품에서 예술가는 작품에 견주어 보면 아무래도 상관없는 무언가라고까지 주장합니다. 그래선지 그는 예술을 존재자의 진리를 작품 속으로 정립하는 행위로 정의하면서 예술가는 아예 언급하지 않습니다.

하지만 작품이라는 말 자체가 이미 누군가에 의해 만들어졌음을 가리킵니다. 창작의 과정이 없었다면 작품은 존재할 수 없으니까 말이죠.

그런데도 창작자인 예술가를 예술의 정의에서 배제해도 되는 걸까요? 이 물음에 대해 제시될 수 있는 그럴듯한 긍정적 해답 중 하나는 누구나 창작의 규칙이나 기술을 익혀 훌륭한 예술작품을 만들어 낼 수 있으면 예술가가 누구인가는 중요하지 않게 되지 않겠느냐는 거겠죠? 실제로 이런 생각을 뒷받침하는 듯이 보이는 책 제목들이 서양 고전 중에서 심심찮게 눈에 띄기도 합니다. 그중 하나가 아리스토텔레스의 『시학』이라는 책입니다.

『시학』은 도대체 왜 시학일까?

이 책은 서양 미학 사상 최고의 고전 중 하나입니다. 오늘날에도 여전히 수많은 학자가 미학 논의를 시작할 때면 이 책을 언급합니다. 그런데 사전 지식 없이 이 책을 처음 접한 독자들을 당황하게 만드는 사실은 이 책의 주된 고찰 대상이 시 장르가 아니라 연극, 그중에서도 비극 장르라는 겁니다. 물론 서양 고대 문학의 대표적 장르 중 하나인 서사시를 다루는 부분이 있기는 하지만, 전체 내용 중에서 차지하는 비중이 비극에 비해 현저하게 낮습니다.

고대 그리스어로 된 이 책의 원래 제목을 우리말로 그대로 옮기자면 '제작의 기술에 관하여' 정도의 뜻을 갖습니다. 그런데 우리말 번역본뿐만 아니라 거의 모든 서양 언어 번역본 제목도 운율이 있는 언어로 된 예술 작품이나 장르를 가리키는 '시'에서 파생된 용어로 되어 있습니다. 따라서 서구인이라도 사전 지식이 없으면 우리와 똑같은 경험을 하게 되겠죠? 그렇다면 왜 이 책이 '시학'이라는 이름을 갖게 된 걸까요?

책 제목에 등장하는, 제작의 기술을 뜻하는 고대 그리스어 poiētikḗ

téchnē라는 말은 '무언가를 만들다, 제작하다'라는 뜻을 지닌 동사 poiéō의 형용사형으로, '제작의, 제작에 관한'이라는 뜻을 지녔습니다. 테크네는 오늘날 널리 쓰이는 영어 단어 technic, technology의 어원이 된 말로 오늘날에는 주로 기술로 번역되는 말입니다.

그러나 이 용어는 당시에는 오늘날처럼 주로 자연과학이나 공학 분야에만 사용되는 용어도 당연히 아니었고, 단순히 능숙한 솜씨나 재간만을 가리키지도 않았습니다. 오히려 어떤 대상에 대한 실천적, 이론적 지식 모두를 포괄하는 말이었습니다. 자전거를 예로 들어 봅시다. 자전거를 탈 줄 알려면 무엇이 필요할까요? 그것에 관한 이론적 지식이 전혀 중요하지 않은 건 아니겠지만, 누가 뭐래도 가장 중요한 것은 몸으로 익혀 배운, 자전거를 타는 데 필요한 실천적 지식일 겁니다. 그래야만 자전거를 탈 줄 '안다'고 말할 수 있겠죠?

따라서 창작에 필요한 테크네는 오늘날 사람들이 말하는 단순한 기술이 아닙니다. 제대로 예술작품을 창작할 줄 아는 실천적 지식입니다. 하이데거는 여기서 더 나아가 이것을 자신이 말하는 예술의 본질적 내용인 존재자의 진리를 드러내는 앎으로까지 파악합니다. 그렇게 생각한다면 예술가는 재능이 뛰어나서 다른 사람보다 그림을 잘 그리거나 글을 잘 쓰는 사람이 아닙니다. 숙련된 재간을 지니고 있어서 다른 사람보다 더 잘 묘사하는 사람도 아니고요. 존재자의 진리를 제대로 파악하고 그것을 작품에 잘 담아내는 사람이어야 합니다.

그렇다면 작품에서 중요한 건 당연히 그것을 창작한 예술가가 아니라 그 안에 담겨 있는 존재자의 진리가 되겠죠? 물론 그 진리는 '수천의 다른 잎들과 함께 절망의 벽을 넘어가는 담쟁이 잎 하나'(도종환, 「담쟁이」)의 모습일 수도, '불모의 땅을 파헤쳐 한 그루 나무를 심고, 가을을 끝낸 들녘에서서 사과 하나를 둘로 쪼개 나눠 가질 줄 아는 사랑'(김남주, 「사랑」)의 모습일 수도 있을 겁니다.

창작은 일종의 시 짓기이다

앞서 제시한 바와 같이 포이에티케는 원래 제작 행위 일반과 관련된 말이었지만 플라톤, 아리스토텔레스 시대에 이미 문학과 관련된 제작 활동에 광범위하게 사용되었습니다. 오늘날 시인을 뜻하는 영어 단어 poet의 어원이 된 poiētēs라는 말이 넓게는 무언가를 제작하는 사람 모두를 가리키는 말로도 쓰였지만, 서사시나 서정시를 쓰는 시인을 가리키는 말로도 사용된 것이 그 대표적 예라고 할 수 있겠죠. 하지만 비극 작가에게도 이 말을 사용한 것을 보면, 오늘날처럼 운율이 있는 언어로 된 문학작품만이 아니라 문학 전반에 걸쳐 광범위하게 사용되었음을 알 수 있습니다.

그러니까 서구 언어에서 이 말은 단순히 시 장르만이 아니라 문학 전체를 가리키는 말이었습니다. 심지어는 예술 전체를 가리키는 말이기도 했습니다. 실제로 아리스토텔레스는 『시학』에서 자신이 주로 다루는 비극과 같은 연극 장르 말고도 오늘날의 시각예술, 음악, 무용, 문학에 해당하는 여러 장르도 모두 모방(미메시스)이라는 본질을 공유한다고 주장했습니다.

그런데 하이데거는 아리스토텔레스 이래로 거의 모든 서양 학자가 당연하다고 여겼던, 예술의 본질이 모방이라는 전통적 견해에 반기를 들고는, 창작의 본질이 시 짓기이며 다른 예술은 시로 환원되어야 한다고 주장합니다. 원래 시 짓기로 옮긴 독일어 단어 Dichtung은 머릿속에서 생각해 낸 내용을 글로 쓰거나, 다른 사람이 글로 쓰도록 말로 불러 주는 것을

176

뜻했던 독일어 동사 dichten의 명사형입니다. 나중에는 거기서 더 나아가 무언가를 창작하거나 생각해 내는 행위 자체를 가리키기도 했고요.

어쨌든 어원을 따르자면 광범위한 제작 행위까지 포함했고 예술로 영역을 좁히더라도 예술 전체를 가리켰던 고대 그리스어 poíēsis보다는 독일어 디히퉁이 더 문학에 가까운 뜻을 지녔습니다. 심지어 하이데거는 좁은 의미의 시 짓기인 언어예술작품은 다른 어떤 예술 장르보다 탁월한 위치를 차지한다고 주장합니다. 어떻게 그는 시각예술이나 청각예술, 종합예술에 종사하는 예술가들이 들었다면 매우 기분이 언짢아할 이런 주장을 할 수 있었을까요?

하이데거에게 언어는 단순한 이해·소통 수단이 아닙니다. 구약 성서 창세기에서 아담이 하나님의 모든 피조물에 지어 준 이름처럼, 근원적인 언어는 존재자에게 비로소 그 존재 의미와 내용을 마련해 줍니다. 그런데 세계와 대지의 다툼으로서의 예술에 관해 살펴보면서 우리가 예감할 수 있었던 것처럼, 존재자의 의미는 이 다툼의 끝없는 반복 가운데 그때그때 다르면서도 같은 것으로 드러납니다. 따라서 언어로 존재자를 이름 지어 부른다는 것은 대지 안에 감춰져 있던 무언가가 드러나 세계 안에서 어떤 의미를 갖도록 불러내는 것이면서 동시에 그것이 대지와 함께 다시 자신을 닫아거는 것 또한 그대로 감수함을 뜻합니다.

그렇기에 하이데거에게 시 짓기는 세계와 대지에 관해 이야기하는 것입니다. 시대마다 사람들이 사용하는 언어는 달라집니다. 그 언어 안에서 역사적으로는 한 민족에게 그 세계가 드러나고 대지는 닫혀 있는 것으로 보존되는 그런 이야기가 발생하는 거죠. 사실 그림이나 조각이든, 음악이나 무용이든 그 안에 하이데거가 말한 이런 이야기를 담아내는 게 불가능하지는 않습니다. 다만 그가 '존재의 집'이라고까지 부른 근원적 언어의 심오한 의미를 제대로 담아내는 것은 좁은 의미의 시 짓기에 더 적합하리라 말할 수 있겠죠. 심지어 하이데거에게 본래 의미의 언어 자체는 단순한 이해·소통 수단이 아닌 본질적 의미로 시 짓기입니다. 따라서 예술작품의 창작은 단순한 기술적 차원으로는 절대로 설명해 낼 수 없는 활동입니다.

작품은 감상을 통해 보존된다

하지만 이렇게 창작하는 것만으로 작품이 실제로 존재하게 되는 것은 아닙니다. 프랑스의 대문호 오노레 드 발자크의 소설 『알려지지 않은 걸작』의 주인공처럼 자신이 만든 모든 작품을 불태워 아무도 감상할 수 없게 만든다면, 그 작품들은 존재하지 않은 거나 마찬가지일 테니까 말이죠. 다른 말로 하자면 예술작품은 그것을 감상하는 사람이 존재할 때라야만 비로소 존재하게 됩니다.

물론 작품 감상도 아무렇게나 해서는 안 되겠죠? 베토벤의 위대한 교향곡조차도 듣는 사람이 자신이 교양인이라는 것을 사람들에게 과시하기 위해 비싼 돈을 내고 콘서트홀에서 유명한 오케스트라의 연주로 듣는다면, 그 작품의 진정한 의미는 사라지고 말 테니까요. 그러므로 제대로 작품을 감상하려면 세계와 대지의 다툼으로서 작품에 담겨 있는 존재자의 진리가 그대로 드러나도록 해야 합니다.

그럴 때라야 작품이 비로소 작품으로 존재하게 되는데, 그것을 하이데거는 작품의 보존이라 불렀습니다. 따라서 작품이 진정으로 존재하려면 창작만이 아니라 진정한 의미의 작품 보존 행위가 필요합니다. 작품의 창작만이 아니라 감상 행위로서 작품의 보존도, 물론 그 고유한 방식으로만이기는 하지만, 마찬가지로 시적이라고 하이데거가 주장하는 이유가 바로 여기에 있습니다.

이런 의미의 보존은 작품에 담긴 작가의 의도를 정확하게 파악하는 행위가 아닙니다. 작가가 존재자의 진리를 작품 속에 정립해 놓았다면 우리가 주목해야 할 지점은 —예술과 대지에 관해 살펴보면서 우리가 확인했듯— 작품 속에서 우리가 발견하게 될 세계와 대지의 다툼으로서 존재자의 진리 그 자체일 테니까 말이죠.

우리네 삶을 아름답게 하는 윤무

독일의 낭만주의 시인 횔덜린은 인간은 시적詩的으로 깃들이는 존재자라고 노래했습니다. 하이데거는 이 말을 토대로 시 짓기는 깃들임의 본질을 지어내는 행위라는, 처음 듣기에는 이해할 수 없고 심지어는 충격적으로까지 들리는 주장을 합니다. 하지만 조금만 깊이 생각해 보면 이것이 그렇게 이상한 말은 아니라는 사실을 우리는 알아차릴 수 있습니다.

인간은 어딘가에 깃들임으로써 비로소 그곳에 터를 잡고 집을 짓고, 농사를 짓습니다. 집을 짓고 농사를 짓는다는 것은 어딘가에 삶의 터전을 잡고 살아감을 뜻하겠죠. 그러려면 먼저 어느 곳에 어떻게 깃들일지 결정해야 합니다. 이 결정은 당연히 존재자의 진리에 대한 앎을, 내가 어떻게 존재해야 하는지에 대한 앎을 통해서만 가능할 겁니다. 앞서 살펴본 바와 같이 그것을 우리에게 제시하는 게 바로 시 짓기입니다.

그런데 어디에 어떻게 깃들이느냐에 따라 우리를 둘러싼 존재자의 진리 또한 결정되기에 시 짓기와 존재자의 진리에 대한 앎은 번갈아 가며 서로의 전제가 됩니다. 우리의 참된 삶과 예술로서의 시 짓기는 이처럼 떼려야 뗄 수 없는 긴밀한 상호 관계를 지닙니다. 이 둘의 끊임없는 순환의 과정이야말로 우리네 삶을 아름답고 의미 있게 만드는 윤무輪舞, 하이데거가 말하는 진정한 '사유의 축제'가 아닐까요?

* * *

이야기를 정리해 봅시다.

예술작품이 존재하려면 당연히 예술가의 창작행위가 먼저 이뤄져야 합니다. 하이데거는 이 창작행위의 본질이 시 짓기라고 주장합니다. 이런 주장은 얼핏 보면 언어예술이 아닌 시각이나 청각예술 등의 관점에서는 섭섭해할 만한 것이기는 합니다. 어쨌든 아담이 하나님이 창조하신 모든 피조물에 이름을 지어 줄 때처럼 존재자를 언어로 이름 지어 부르는 행위가 그 존재자가 무엇으로 존재하는지를 가장 잘 드러내 보여 준다는 게 하이데거의 생각이었습니다. 그리고 이렇게 시를 짓는 행위는 집을 짓고 농사를 지으며 살아가는 모든 근원적 삶의 전제 조건이기도 합니다. 그렇기에 횔덜린은 인간이 시적으로 깃들이는 존재자라고 노래할 수 있었겠죠. 이렇듯 존재자의 진리와 시 짓기가 만들어 내는 윤무 속에서 우리네 삶은 아름답고 의미 있게 될 수 있을 거고요.

- 김동훈

실천적 삶의 진리

기술Technik

기술은 존재 자체를 드러낸다

하이데거의 철학은 그의 대표 저술 『존재와 시간』(1927)이 출판된 지 얼마 지나지 않아 큰 전환을 맞이하게 됩니다. 이 전환을 보통 '전회Kehre' 라고 부르죠. 기술techne은 전회 이후 하이데거 철학의 핵심 개념 가운데 하나입니다.

『존재와 시간』의 현상학적 존재론과 후기 하이데거 철학의 관계에 관한 연구자들의 견해는 크게 둘로 나뉩니다. 가다머를 비롯해 많은 연구자는 『존재와 시간』을 실패한 저술로 간주하지요. 실패의 원인은 하이데거가 자신의 존재론과 근본적으로 이질적인 현상학의 관점을 취한 데 있다는 것입니다. 하지만 적지 않은 연구자들이 이러한 견해를 비판해요. 이러한 견해에 따르면, 후기 하이데거의 사상은 현상학과 이질적이지 않습니다. 필자 역시 이와 같은 입장입니다. 사실 하이데거 자신은『존재와 시간』을 실패한 저술로 여기지도 않았고, 자신의 존재론이 현상학과 이질적이라고 주장하지도 않았습니다. 실은 그 반대예요. 말년에 이르기까지 하이데거는 현상학적 사유 안으로 들어가는 법을 배워야 한다고 반복해서 주장합니다.

왜 이런 문제가 생겼을까요? 많은 연구자가 하이데거에게 현상학이 어떤 의미를 지니는 말인지에 대해 오인했기 때문입니다. 가다머처럼 하이데거의 존재론이 현상학과 이질적이라고 보는 연구자는 현상학을 후설의 현상학으로 한정해서 이해하는 경향을 보입니다. 반면 하이데거 본인은 현상학을 훨씬 더 포괄적으로 이해하지요. 이미 1915년에 발표된 자신의 교수 자격 논문에서 하이데거는 중세의 스콜라 철학이, 더 나아가 철학 자체가, 본질적으로 현상학적이라고 밝힙니다. 이러한 입장은『존재와 시간』의 입장과 거의 같습니다. 잘 알려져 있는 것처럼, 하이데거는 철학의 본질을 현상학적 방법론에 토대를 둔 해석학적 존재론으로 간주하는 것입니다.

기술에 대한 후기 하이데거의 진술은 하이데거가『존재와 시간』이후에도 현상학적 관점을 견지했음을 매우 분명하게 드러냅니다. 이 말은 기술이란 존재 자체의 드러남으로서의 현상과 연관된 말이라는 뜻이지요.

우리는 이미 체험된 현상만을 만난다

후기 하이데거의 대표적 저술 가운데 하나인『예술작품의 근원』은 고대 그리스인에게 테크네란 결코 제작의 행위를 가리키지 않았다고 주장합니다. 테크네는 앎의 방식의 하나를 지칭하는 말이었지요. 이때 앎이란 넓은 의미로 그 무엇을 봄을 뜻하고, 봄은 또한 '곁에 있어 오는 것'(현전자; 현존자; das Anwesende)을 그 자체로서 받아들이며 인지함을 뜻합니다.

하이데거 연구에서 희한한 점 하나는 테크네에 관한 후기 하이데거의 진술이 아이스테시스aisthesis에 관한 『존재와 시간』의 서문에서의 설명과 거의 같다는 것을 주목하는 연구자가 드물다는 것입니다. 하이데거는 고대 그리스인에게 로고스보다 더 근원적으로 참인 것은 바로 아이스테시스였다고 주장하면서, 아이스테시스를 그 무엇을 순전히 감각적으로 인지하며 받아들임이라고 규정합니다.

왜 아이스테시스가 로고스보다 근원적인 진리의 자리여야 할까요? 우리가 경험해 왔고, 또 장차 경험하게 될 모든 것이 체험된 현상으로서의 성격을 띨 수밖에 없기 때문입니다. 이러한 말은 매우 기이하게 들리기 쉽지요. 우리가 경험하는 것이 이미 체험된 현상이라는 말은 마치 경험에 앞서서 이미 경험이 한 번 일어났다는 식의 뜻으로 해석되기 때문입니다. 하지만 조금만 생각해 보면, 이 기이한 역설이 실은 경험의 본질적 방식에 기인한다는 점을 쉽게 확인할 수 있습니다.

철학적 사고 훈련이 안 되어 있는 사람들은 내가 경험하는 바 그대로의 붉고 아름다운 꽃이 내 마음 밖에 하나의 객체적 사물로서 존재한다고 믿습니다. 하지만 그럴 리 없지요. 붉음과 아름다움은 모두 감각적인 것을 가리키는 말인데, 감각적인 것은 감각하는 내가 없으면 생길 수 없습니다. 한마디로, 우리가 살면서 만나는 것은 모두 감각된 현상으로서의 성격을 지닙니다. 붉은 꽃은 분명 객체적 사물이 아니라 감각적으로 이미 체험된 사물이고, 붉은 꽃 외에 다른 것을 붉은 꽃의 존재로서 미리 보는 법은 없습니다. 그러니 결국 우리가 경험하는 것은 언제나 이미 체험된 현상으로서의 성격을 지닐 수밖에 없는 셈이지요.

이러한 문제를 설명하는 전통 철학적인 방식은 사물적이지 않은 감각 인상들을 하나로 모아 통일성을 부여하는 정신의 작용을 상정하는 것입니다. 우리의 눈과 몸이 마음 밖의 사물로부터 우선 순수하게 감각적인 인상들만 받아들인 뒤 지성적으로 감각적 인상들의 통일적 연관성을 포착해서 하나의 사물 표상을 만들어 낸다는 식이지요. 물론 이때의 지성은 깨어 활동하는 의식의 지성보다 더 근원적인 것이어야 합니다. 깨어 활동하는 의식이란 언제나 이미 주어져 있는 사물 표상을 보는 것이기 때문입니다.

그런데 하이데거에게 이러한 설명 방식은 기본적으로 무의미합니다. 이는 깨어 활동하는 의식의 층위에서 확증할 수 없는 것을 순수한 논리적 추론의 힘에 기대어 마치 자명한 진실인 양 절대화하는 일일 뿐이기 때문입니다. 현상학적 존재론의 관점에서 볼 때 다만 한 가지 분명한 것은 우리가 살면서 만나는 모든 것은 객체적 사물로서 만나지는 것이 아니라 하나의 체험된 현상으로서 만나지는 것이라는 점입니다. 물론 모든 체험된 현상은 체험하는 나 자신의 존재에 그 가능 근거를 두고 있어요. 체험된 현상을 통해 드러나는 것은 무엇보다도 우선 그 가능 근거로서의 나 자신의 존재라는 뜻입니다.

감각은 일종의 존재 사건이다

왜 후기 하이데거는 아이스테시스가 아니라 테크네 개념에 호소할까요? 혹시 후기 하이데거는 아이스테시스를 부적절한 개념으로 여기고 포기한 것일까요? 그렇게 보기는 어렵습니다. 테크네를 넓은 의미의 봄 및 그 무엇을 그 자체로서 인지하고 받아들임으로 규정하는 것은 아이스테시스에 대한『존재와 시간』의 설명과 일치하기 때문입니다. 테크네에 대한 후기 하이데거의 설명을 통해 드러나는 것은 후기 하이데거 역시 인간 현존재를 도구적 실천의 자리인 일상성의 관점에서 해석한다는 것입니다. 달리 말해, 후기 하이데거의 테크네 개념은『존재와 시간』의 현상학적 존재론에 그 기초를 두고 있어요.

상식적으로 봄은 일종의 감각 또는 지각을 가리키는 말일 뿐입니다. 그런 점에서 봄을 아이스테시스로 규정하는 것은 무리가 없지요. 아이스테시스는 보통 감각적 지각 내지 감각적 인식으로 해석됩니다. 하지만 봄을 테크네로 규정하는 것은 상식적으로 납득하기 어렵지요. 테크네는 보통 기술, 예술, 능숙함 등으로 해석됩니다. 기술도, 예술도, 능숙함도 모두 그 무엇을 만드는 행위와 연관된 말입니다. 예술은 예술작품을 만드는 행위를, 기술은 실용적인 용품이나 기계 같은 것을 만드는 행위를, 능숙함은 그 무엇을 만들 때 발휘되는 예술가나 장인의 역량을 가리킵니다. 그러니 테크네를 제작의 기술을 가리키는 말로 해석하는 것이 무난하지 않을까요? scopein처럼 봄을 뜻하는 그리스어가 별도로 있는데도 불구하고 테크네를 굳이 봄의 일종을 가리키는 말이라고 주장할 이유가 대체 무엇일까요?

이러한 의문을 풀려면 봄을 비롯한 모든 종류의 감각은 단순한 수동성을 뜻하는 말로 파악될 수 없다는 것을 우선 분명히 해야 합니다. 우리는 한 송이의 꽃을 보고, 피리 소리를 들으며, 풀잎의 싱그러운 감촉을 느끼는 것이지, 무슨 원자적인 감각 인상 같은 것을 느끼는 것이 아닙니다. 물론 꽃이나 바람, 풀잎 같은 것은 이미 하나의 존재자이지요. 즉, 감각함이란 하나의 존재자를 꽃, 피리, 풀잎으로서 발견하고 인지함과 같습니다. 무엇이 이러한 발견과 인지를 가능하게 할까요? 현상학적으로 말하자면 바로 우리 자신의 존재입니다. 감각은 감각하는 내가 없으면 생겨나지 않고, 그러니 감각을 통해 발견되고 인지되는 모든 존재자는 감각의 가능 근거로서의 나 자신의 존재를 통해 발견되고 인지되는 셈입니다. 바로 그런 점에서 봄을 비롯한 모든 감각은 존재자의 존재를 드러나도록 하는 일종의 존재 사건이지요.

감각은 나 자신의 존재 역량을 드러낸다

근대 이후의 철학이 겪은 혼란 가운데 하나는 진리에 관한 것이었습니다. 진리란 무엇일까요? 여러 가지 진리론이 있지만 가장 널리 알려진 진리론은 대응설입니다. 대응설에 의하면, 진리란 그에 대응하는 객관적이고 실제적인 사태를 지니고 있는 명제이지요. 그런데 대응설은 한 가지 큰 문제를 안고 있습니다. 하나의 명제가 표현하는 것이 객관적이고 실제적인 사태를 지니고 있는지 확증하기가 불가능하다는 것입니다. '풀잎은 푸르다'라는 명제에 대해 생각해 봅시다. 풀잎은 감각의 일종인 봄의 행위에 의해 발견되는 것이고, 그런 한에서 그 푸름을 비롯한 모든 것 역시 감각적인 것입니다. 그런데 전통 철학의 구분법에 의하면, 감각적인 것은 객관적인 것이 아니라, 오히려 주관적인 것이지요. 그러니 대응설의 관점을 취하면 어떤 명제도 진리 명제로서 규정될 수 없습니다. 적어도 명제를 통해 표현되는 것이 감각과 완전히 무관할 수 없다는 전제를 취하는 경우에는 이러한 결론을 피할 수 없지요.

이러한 문제를 해결하는 두 가지 편리한 방식이 있습니다. 하나는 관념론적 관점을 취하는 것입니다. 관념론에 입각해서 보면, 궁극의 실재는 결국 관념입니다. 그러니 우리가 알고 있는 관념이 보편타당하고 절대적인 것이라는 것만 보증할 수 있으면 하나의 명제는 보편타당하고 절대적인 관념을 올바로 표현하는 한에서는 진리 명제일 수 있지요. 또 다른 하나는 지각적 표상의 세계와 사물 자체의 세계를 분리하는 것입니다. 이 경우 우리가 알 수 있는 진리는 지각적 표상의 세계에 한정된 의미를 지닙니다. 사물 자체는 알 수 없지요. 하지만 지각적 표상 안에서 어떤 보편적 형식과 원리를 발견할 수 있으면 그 보편적 형식과 원리를 올바로 표현하는 명제를 진리 명제로 간주해도 무방할 것입니다. 아마 이러한 입장을 사물을 그 자체로 알 수 없는 것으로 상정했다는 뜻으로 '사물 자체의 실재론'이라고 불러도 좋을 것입니다.

테크네를 봄으로 규정하는 하이데거의 방식은 관념론적 방식도 아니고 '사물 자체의 실재론'적 방식도 아닙니다. 봄은 분명 일종의 감각으로서 우리 자신의 존재에 그 가능 근거를 두고 있습니다. 하지만 지금 내가 눈앞에서 보고 있는 이 꽃은 단순한 주관적 표상도 아니고, 나의 존재와 무관한 객체도 아니며, 그렇다고 꽃의 현상과 철저하게 다른 사물 자체를 그 이면에 감추고 있는 것도 아닙니다. 꽃은 분명 하나의 사물로서, 하나의 사물적 존재자로서, 나 자신의 주관적 의견과 무관하게 거기 놓여 있지요. 그런 점에서 그것은 분명 그 자체로서, 하나의 사물 자체로서, 존재합니다. 하지만 꽃을 꽃으로서 드러나도록 하는 것은 분명 나 자신의 존재입니다. 그렇기에 꽃의 발견과 존속을 가능하게 하는 봄의 사건은 나 자신의 존재의 순전한 수동성을 드러내는 것도 아니고, 의식 주체로서의 나의 순전한 능동성을 드러내는 것도 아닙니다. 꽃의 발견과 존속을 가능하게 하는 봄의 사건은 수동성과 능동성의 이분법을 언제나 이미 넘어서 있고, 바로 이러한 의미로 더욱 근원적입니다.

테크네가 일종의 봄을 뜻한다는 것은 그 무엇을 감각적으로 발견하고 받아들임이 나 자신의 존재의 역량에 의해 일어나는 일이라는 뜻입니다.

예술의 근거는 근원적인 봄의 사건이다

테크네에 관한 하이데거의 진술이 『예술작품의 근원』에 나오는 것이니 예술작품과 테크네의 관계에 대해 생각해 봅시다. 화가는 무엇을 그리고, 조각가는 또 무엇을 조각할까요? 예술작품을 만들 때 제작의 기술은 물론 중요합니다. 그러나 역설적이게도 제작의 기술이 작품 제작에서 압도적으로 크게 작용하면 예술작품은 본래적인 것은 아무것도 표현하지 못하게 됩니다. 꽃을 그릴 때 제작의 기술은 어떻게 작용할까요? 화가인 나는 한 송이 꽃을 보고 있습니다. 그것은 분명 하나의 고유한 존재자이며, 오직 그 고유함과 더불어서만 존재하는 한 송이 꽃일 수 있지요. 꽃을 그릴 때 사용되는 제작의 기술은 본질적으로 무차별적입니다. 그것은 꽃을 그릴 때마다 사용되는 것이며, 그런 한에서 고유한 한 존재자로서 꽃의 존재는 제작의 기술을 통해 드러날 수 없습니다. 그것은 심지어 한 송이 꽃의 존재를 감추는 것조차 아닙니다. 실은 아무것도 드러내지 않는 것이고, 그렇기에 아무것도 감추지 않는 것입니다. 제작의 기술을 통해 구현된 꽃의 이미지는 하나의 가상일 뿐이지요.

하이데거는 『존재와 시간』에서 인간 현존재의 근원적 존재 방식의 하나로 일상성을 제시합니다. 일상 세계는 도구적 의미 연관이 지배하는 세

188

계입니다. 그 때문에 우리는 일상 세계에서 만나는 모든 것을 무엇보다도 우선 도구로 해석하는 경향을 지니지요. 도구란 무엇일까요? 돌담에 대해 생각해 봅시다. 돌담을 돌을 쌓고 결합하는 제작 기술의 관점에서 보면, 돌담은 인위적인 것이고, 그런 한에서 문명이 만들어 내는 하나의 가상적 존재자일 뿐입니다. 그러나 그것을 돌담을 통해 고지되는 돌의 단단함, 돌담의 토대로서의 대지, 돌담이 분할하는 삶의 터전으로서의 장소 등이 드러나는 어떤 것으로 받아들이면 돌담은 이런저런 존재자의 존재를 돌담으로서의 존재 안으로 함께 모아 드러내면서 동시에 감추는 것인 셈입니다. 돌의 단단함은 돌담을 위한 도구적 성격으로 한정될 수 없는 것이고, 대지 및 장소 역시 그러하지요.

테크네를 제작의 기술로 받아들이는 자의 봄은 돌담으로서의 존재 안으로 모인 존재자의 존재의 의미에 한정되는 경향을 보입니다. 돌의 단단함과 대지와 장소를 모두 돌담으로서의 존재 안으로 함께 모으는 것이 유일한 관심사이기 때문입니다. 이 경우 함께 모음을 가능하게 하는 기술적 역량이 압도적으로 중요하게 됩니다. 테크네가 제작의 기술이 아니라 일종의 봄이라는 하이데거의 진술은 참된 의미의 테크네란 돌담으로서의 존재 안으로 함께 모음으로써 드러나는 존재의 의미와 그럼으로써 도리어 감추어지는 존재의 의미를 함께 발견함이라는 뜻과 같습니다.

하이데거의 관점에서 보면, 예술의 진정한 의미가 바로 이것입니다. 제작의 기술에 의존해서 그림을 그리는 화가는 단지 그럴듯한 가상을 만들 뿐입니다. 참된 예술가인 화가는 제작 기술의 원천인 근원적인 봄으로 되돌아갑니다. 그는 제작의 기술이 망각하게 하는 근원적인 봄의 사건으로 돌아가서 그림을 그리는 행위를 통해 가상일 수 없는 존재자의 존재를 그 자체로서 드러나도록 하는 데 집중하지요. 그런 점에서 참된 의미의 봄은, 참된 의미의 예술작품의 가능 근거로서, 그 자체로 존재론적 진리를 위한 투쟁의 방식을 가리키는 셈입니다.

* * *

이야기를 정리해 봅시다.

후기 하이데거에게 기술은 특별한 뜻을 지닙니다. 고대 그리스어 '테크네'는 제작술이 아니라 존재가 그 자체로서 드러나도록 함을 뜻했다고 하이데거는 주장합니다. 이러한 주장은 후기 하이데거의 철학 역시 전기와 마찬가지로 현상학적 방법론에 토대를 두고 있음을 강력하게 시사합니다. 하이데거는 현상학의 현상을 존재가 그 자체로서 드러나도록 함으로 이해하기 때문입니다. 『존재와 시간』에서 하이데거는 고대 그리스인에게 로고스보다 근원적인 진리의 자리는 바로 아이스테시스였다고 주장합니다. '이 꽃이 붉다'라는 말이 참이려면, '꽃의 붉음'을 순전히 감각적으로 인지하고 받아들임이 그 전제가 되어야 한다는 뜻입니다. 즉 붉음을 지각할 수 있는 나의 존재 자체가 그 어떤 존재가 붉은 꽃으로서 자신을 드러내도록 할 그 조건입니다. 후기 하이데거의 철학에서 가장 핵심적인 개념 중 하나는 바로 '시 짓기'입니다. 하이데거는 심지어 예술의 본질 또한 '시 짓기'라고 밝힙니다. 그런데 '시 짓기'의 뜻이 바로 '존재가 그 자체로서 드러나도록 함'입니다. 그러니 『존재와 시간』에서 하이데거가 아이스테시스 개념을 통해 개진한 현상학적 성찰은 후기 하이데거의 철학에서도 여전히 매우 중요하다는 결론을 내릴 수밖에 없습니다.

- 한상연

일상과 죽음

불안 Angst

현존재는 시간적인 존재이다

불안은 하이데거 철학의 핵심 개념 가운데 하나입니다. 하이데거에 따르면, 불안은 인간 현존재의 근본 기조이지요. 주의할 점은 현존재의 근본 기조인 불안은 통념적 의미의 불안과 같은 것이 아니라는 것입니다.

불안은 보통 일종의 감정으로 이해됩니다. 예를 들어, 중요한 일이 코앞에 닥쳤을 때 일을 망치지 않을까, 걱정하기 때문에 생기는 감정이 바로 불안입니다. 그런데 현존재의 근본 기조인 불안은 이런 식의 감정과 구분되어야 합니다. 간단히 말해, 현존재의 근본 기조인 불안이란 현존재가 지금과 다른 그 무엇이 되어 가는 과정 속의 존재라는 것을 표현하는 말입니다.

장차 도래할 미래의 나는 분명 지금의 나와 다를 것이고, 미래의 나의 다름은 긍정적일 수도 있고 부정적일 수도 있습니다. 지금의 내가 자신이 원하는 삶을 잘 살고 있다고 여기는 사람은 미래의 내가 지금의 나보다 더 나을 것이라는 희망을 품기 쉽지요. 반대로 자신이 원하는 삶을 살고 있지 못하다고 여기는 사람은 희망보다 은밀한 좌절감에 시달리기 쉽습니다. 어떤 경우든 나는 나의 미래가 다양한 가능성을 향해 열려 있음을 언제나 이미 알고 있고, 바로 그 때문에 나는 나 자신을 도래할 미래의 나에 대한 불안 속에서 발견합니다. 이러한 관점에서 보면, 은밀한 좌절감이 자아내는 열등의식, 자격지심, 심지어 절망뿐 아니라 희망조차도 우리가 언제나 이미 불안 속에 머물고 있음을 드러내는 셈이지요.

결국 불안이 드러내는 것은 우리 자신의 시간성입니다. 현존재의 근본 기조가 불안이라는 하이데거의 주장은 기본적으로 현존재란 영원불변하는 존재가 아니라 시간적인 존재, 역사적인 존재라는 뜻을 담고 있어요.

현존재는 실천적으로 산다

하이데거는 인간을 현존재라고 부릅니다. 왜 그랬을까요? 가장 중요한 이유는 인간이라는 말에 형이상학적 생각이 너무 많이 녹아 들어가 있다는 것입니다. 형이상학은 영원불변하는 실체만이 참으로 존재하는 것이라는 관점에서 출발합니다. 전통적으로 철학자들은 인간의 본질을 이성이나 영혼 같은 말로 표현하고는 했지요. 이때 이성, 영혼 등은 고통과 죽음에 취약한 몸과 달리 영원불변한 것으로 상정된 것입니다. 어떻게 보면 매우 자연스러운 발상이지요. 변하는 것을 본질이라고 부르지는 않는 법이니 말입니다.

하이데거가 형이상학을 단순한 오류에 불과한 것으로 여기고 부정하는 것은 아닙니다. 사실 형이상학이란 꽤 기묘한 학문이어서, 형이상학에 대한 부정 역시 형이상학적 성격을 지니는 법입니다. 감각 기관인 몸을 통해 직접 알려지는 것은 모두 무상합니다. 내 눈에 보이는 꽃과 나무, 책상, 들려오는 새소리, 무언가 매끈하거나 거친 것 등등 감각이 드러내는 것은 모두 물질적인 것이고, 물질적인 것은 결국 이렇게 저렇게 변합니다. 물론 우리에게는 해와 달은 조금도 변하지 않고 언제나 한결같다는 식의 믿음이 있기도 하지요. 하지만 우리 눈에 보이는 해와 달은 매 순간 바뀌고 이동합니다. 그런 점에서 지금 하늘에 떠 있는 해와 달이 지금까지 보아 온 것과 똑같다는 생각은 해와 달의 둥근 모양, 색깔의 변화 패턴 등등에 대한 반복된 경험을 바탕으로 삼아 해와 달의 표준적인 형상을 만들고 절대화하는 어떤 정신의 작용을 반영할 뿐입니다.

만약 감각을 통해 드러나는 것이 모두 무상한 것이라면, 영원한 형이상학적 실체는 감각적 경험을 통해 드러날 수 없는 것이라는 결론이 나옵니다. 그러니 형이상학적 실체가 존재한다는 주장도, 존재하지 않는다는 주장도, 감각적 경험을 통해 확증될 수 없는 것을 확증하려는 시도인 셈이지요. 바로 이 때문에 형이상학에 대한 부정은 그 자체로 형이상학적 성격을 띨 수밖에 없습니다.

형이상학은 왜 생겼을까요? 왜 우리는 감각을 통해 알려지는 모든 것이 다 무상한 것임에도 불구하고 어떤 영원한 본질 같은 것이 각각의 사물에 주어져 있다는 식의 생각을 하게 되었을까요? 전통 철학적 관점에서 보면, 우리에게 사물의 본질을 통찰할 수 있는 정신의 힘이 있기 때문입니다. 이 경우 사물의 본질은 삶을 위한 인간의 실천적 관심과 무관하게 발견되는 셈이지요. 하이데거의 생각은 조금 다릅니다. 형이상학을 포함해서, 모든 이론적 사고의 기원은 바로 실천적 삶에 있습니다.

대체 무슨 말일까요? 이론과 실천은 별개의 영역을 가리키는 말 아닐까요? 살기 위해 숲으로 가서 나무를 하고, 불을 때고, 밥을 짓는 등의 실천적 행위가 식물학이나 물리학을 연구하는 학자의 삶과 무슨 상관이 있을까요? 이론과 학문은 본래 삶을 위한 실천의 관점으로부터 해방된 정신의 활동을 가리키는 말 아닐까요? 이러한 의문을 해소하려면 우선 한 가지를 분명히 해야 합니다. 그것은 바로 실천과 이론은 모두 사물의 초시간적 동일성에 대한 믿음에서 출발한다는 것입니다.

부단한 변화에만 주목하면 아무것도 행할 수 없고 또 생각할 수도 없습니다. 우리가 사물의 이름을 부른다는 것 자체가 이미 사물의 본래적 무상성에도 불구하고 우리가 사물에서 언제나 이미 어떤 초시간적 동일성을 발견해 왔음을 드러냅니다. 꽃은 한순간 피었다가 덧없이 지는 것이지만 그래도 그 이름을 부르려면 꽃을 꽃이라 부르게 할 만한 어떤 동일성이 주어져 있어야 합니다. 나무를 하고 싶어도, 불을 피우고 싶어도, 밥을 짓고 싶어도, 나무를 나무라고 부르게 할, 불을 불이라고 부르게 할, 밥을 밥이라고 부르게 할 어떤 동일성이 주어져 있어야 합니다. 그렇지 않으면 아무 실천도 할 수 없고, 아무 이론적 생각도 할 수 없습니다.

나는 매우 기묘한 존재자이다

우리는 모두 일상 세계에서 삽니다. 일상 세계는 어떠한 세계일까요? 물론 각자가 자신의 삶을 위해 이런저런 일들을 꾸려 나가는 세계입니다. 즉, 일상 세계란 본래 실천적 삶을 위한 세계이고, 바로 그러한 점에서 이

론과 학문의 근원은 일상 세계인 셈이지요. 동일성이란 우리의 실천적 삶
을 통해 열리는 존재의 의미인데, 이론과 학문의 출발점은 동일성의 발견
이기 때문입니다.

어떤 점에서 보면, 일상 세계는 꽤 기묘한 세계입니다. 우리의 실천
은 동물의 실천과 다릅니다. 우리는 도래할 미래의 내가 지금의 나와 다르
다는 것을 언제나 이미 알고 있지요. 미래의 나는 지금보다 긍정적인 존재
일 수도 있고, 부정적인 존재일 수도 있습니다. 물론 부정적인 존재가 되
는 것보다 긍정적인 존재가 되는 것이 나 자신을 위해 나은 일이지요. 그
러니 나는 지금보다 더욱 긍정적인 존재가 되도록 애써야 합니다. 그런데
이러한 애씀은, 자신을 위한 마음 씀은, 우리가 우리 자신을 시간의 흐름
속에서 부단히 변해 가는 무상한 존재자로 이해하고 있음을 알립니다. 오
직 영원하지 않은 무상한 존재자만이 지금의 자기보다 긍정적이거나 부
정적인 자기가 되어 갈 수 있으니 말입니다.

하지만 그럼에도 나는 지난 과거의 나나 장차 도래할 미래의 나나 지
금의 나와 똑같은 나라고 여깁니다. 한마디로, 나에게는 나의 자기동일성
이 나를 나라고 부를 수 있고, 지나간 과거의 나를 회상할 수 있으며, 또
도래할 미래의 나를 미리 꿈꿀 수 있게 하는 그 근본 조건으로서 언제나
이미 주어져 있지요. 그러니 일상 세계에서 일상적인 방식으로 삶을 살아
가는 나는 매우 기묘한 존재자인 셈입니다. 자신을 위해 마음 쓰며 사는
한에서, 나는 나 자신을 무상한 존재자로 발견하는 셈이지요. 그러나 나를
나라고 부르는 한에서, 과거의 나를 회상하거나 장차 도래할 미래의 나를
미리 꿈꾸는 한에서, 나는 나 자신에게서 어떤 초시간적인 본질과 동일성
을 발견하는 셈입니다.

불교식으로 풀어 보자면, 하이데거의 일상 세계는 우리로 하여금 자

신의 삶의 무상함을 스스로 부단히 망각하도록 함으로써 자아망집에 사로잡히게 하는 세계인 셈입니다. 우리의 자아에 실체가 없다는 것은 무엇을 뜻할까요? 다른 모든 것과 마찬가지로 우리 자신 역시 자신이 아닌 그 무엇과의 관계 속에서 부단히 변해 가는 것으로서 존재한다는 것을 뜻합니다. 자아 역시 실체가 없습니다. 우리의 자아 역시 연기緣起의 개별화된 표현일 뿐이고, 다른 모든 것과 마찬가지로 독립적으로 자존하지 않습니다.

하이데거의 철학에서도 이와 유사한 관점이 발견됩니다. 하이데거에 따르면, 인간 현존재의 존재 방식은 바로 실존입니다. 실존이란 무엇일까요? 가장 기본적인 존재론적 의미는 자신이 아닌 그 무엇의 곁에-있음, 밖에-있음 등입니다. 이 말은 돌멩이가 돌멩이 옆에 놓여 있듯이, 우리가 자신이 아닌 그 무엇과 물리적 공간 속에서 근접한 거리에 놓여 있다는 것을 뜻하지 않습니다. 내 곁에 있는 모든 것은 지금의 나의 존재를 나와 함께 이루는 것이고, 나와 함께 변화시켜 나아가는 것이며, 그런 한에서 나 자신의 본래적 시간성을 드러내는 것입니다.

하이데거의 관점에서 보면, 일상적 존재자인 나의 자기 이해는 본래 역설적이고 자가당착적입니다. 나는 왜 나 자신을 위해 마음 써야 할까요? 나 자신의 본래적 시간성을 드러내는 그 무엇과의 실존적 관계 속에서, 나 자신이 부단히 변해 가는 무상한 존재자임을 언제나 이미 알기 때문입니다. 그럼에도 나는 나 자신을, 그리고 나와 실존적 관계를 맺고 있는 모든 것을, 초시간적 동일성의 존재로 해석하는 경향에 빠져 있습니다. 나무를 하는 나는 나무꾼으로서의 자기동일성을 지니고 있고, 그런 나에 의해서 나무는 땔감으로서의 동일성을 지니는 것으로 상정됩니다. 돈을 벌기 위해 출근하는 나는 회사원으로서의 자기동일성을 지니고 있고, 그런 나에 의해서 회사에서 만나는 사람들 역시 회사원으로서의 동일성을 지니는 것으로 상정되지요. 나의 아들로서의 자기동일성, 어머니로서의 자기동일성, 군인으로서의 자기동일성, 정치인으로서의 자기동일성, 예술가로서의 자기동일성, 선생으로서의 자기동일성 등등 내가 일상 세계 안에서 일상적으로 살아가는 가운데 형성되는 모든 종류의 자기동일성의 의식은 나와 실존적 관계를 맺고 있는 모든 사물과 인간들이 이런저런 도구적 존재자로 해석되어 있음을 알립니다.

간단히 말해, 일상 세계에서 살기 위해 이런저런 일을 하며 사는 동안 나는 자신뿐 아니라 나와 실존적 관계에 있는 모든 것에 도구적 존재자로서의 동일성을 부과하는 경향에 빠지게 됩니다. 물론 그 무엇도 나를 위한 도구로 존재하려고 거기 있는 것은 아닙니다. 그러니 도구적 존재자의 동일성이란 존재자를 도구로 드러냄으로써 도리어 그 본래적인 존재의 의미를 감추는 것인 셈이지요. 나 자신에 대해서도 마찬가지 이야기를 할 수 있습니다. 나는 도구가 아닙니다. 나는 나의 삶을 위해 일을 하는 것이지 일하는 도구가 되려고 사는 것은 아닙니다. 그러니 일상 세계에서 이런저런 일을 하며 내가 자신에게 부과한 모든 종류의 도구적 동일성 역시 실은 나 자신의 존재를 도구적인 것으로 드러냄으로써 도리어 나 자신의 존재의 의미를 감추는 셈입니다.

자신까지 포함해서 모든 것을 그 도구적 동일성의 관점에서 해석하는 일상적 경향은 우리의 일상적 자기가 불안과 무관한 존재라는 것을 암시할까요? 물론 그렇지 않습니다. 모든 것을 도구로 해석하려는 경향 자체가 나 자신의 존재를 위한 마음 씀의 표현이기 때문입니다. 자신을 위해 마음 씀이란 도래할 미래의 자기는 지금의 자기와 다름을 언제나 이미 알고 있음을 드러내고, 그런 점에서 나는 일상 세계 안에서도 나 자신의 존재를 불안 속에서 미래의 다양한 가능성에 개방된 존재로 발견하는 셈입니다.

시간적 유한성을 초연히 받아들여야 한다

현존재의 근본 기조인 불안이 드러내는 것은 나의 존재가 도래할 미래를 향해 열려 있다는 것입니다. 그런데 나의 미래는 무한하지 않지요. 죽음과 더불어 나의 존재 역시 끝나기 때문입니다.

하이데거는 현존재를 죽음을-향한-존재라고 규정합니다. 상식적으로 보면 꽤 싱겁고 무의미한 말입니다. 사실 살아 있는 모든 것은 죽음을 향해 나아갑니다. 초식동물이든 육식동물이든 동물은 모두 탄생의 순간 세상에 내던져진 것이고, 자신의 의지나 욕망과 무관하게 저절로 자라고 늙어 가다 결국 죽습니다. 물론 식물 역시 마찬가지지요. 천년의 세월을 견디는 나무조차 탄생의 순간 존재하게 된 것이고, 저절로 자라고 늙어 가다 결국 죽습니다. 물론 죽음의 때는 정해져 있지 않습니다. 결코 드물지 않게 생명체는 우연한 사고나 질병 등으로 인해 때 이른 죽음을 맞이하지요.

현존재가 죽음을-향한-존재라는 하이데거의 주장은 현존재란 자신의 존재를 죽음과의 관계 속에서 이해하며 실존하는 존재자라는 뜻을 함축합니다. 엄밀히 말해, 자신의 존재를 죽음과의 관계 속에서 이해하며 실존함이라는 말 역시 죽음을-향한-존재라는 말의 뜻을 밝히는 데는 충분하지 않습니다. 동물 역시 자신의 삶을 죽음과의 관계 속에서 이해하고 있지 않을까요? 그렇지 않다면 동물이 자신의 삶에 위협이 되는 것을 최대한 피하려 조심하는 이유가 대체 무엇이겠습니까?

죽음을 통해 현존재에게 드러나는 것은 우리 실존의 근원적이고도 본래적인 역설입니다. 나는 도래할 미래의 내가 지금의 나보다 더 긍정할 만한 존재이기를 바라지요. 물론 이때 가치 판단의 기준은 다양할 수 있습니다. 돈이나 사회적 지위, 학식, 명예, 단란한 가정생활의 행복 등 각자는 자신의 인생관에 입각해서 자신의 삶을 향상하기 위해서 마음 쓰며 삽니다. 이 모든 마음 씀은 나의 존재가 영원불변하는 형이상학적 실체로서의 존재가 아니라, 구체적 상황 속에서 실존하는 시간적 존재라는 것에 대한 이해를 전제로 하는 것입니다. 그런데 내게서 일어날 수 있는 가장 극단적이고 근본적인 변화이자 그 궁극의 끝은 바로 죽음입니다. 죽음의 사건을 통해 도래할 미래의 나를 지금의 나보다 더 긍정할 만한 존재로 만들고자 하는 모든 일상적인 시도는 죽음과 더불어 완전히 무화될 것으로서 언제나 이미 밝히 드러나 있는 셈이지요. 부자가 되어도, 높은 사회적 지위를 얻어도, 학식과 명예를 갖추어도, 단란한 가정생활의 행복을 누려도, 결국 죽음과 더불어 모든 것은 무화될 수밖에 없습니다. 그러니 자신의 근원적인 실존의 방식을 죽음을-향한-존재로서 이해하고 있는 우리에게, 죽음이란 우리 자신의 존재가 일상 세계와 본래 아무 연관도 없는 것이라는 점을 고지하는 것인 셈입니다.

물론 자신을 죽음을-향한-존재로 이해함 역시 불안의 가능 근거입니다. 그뿐 아니라 실은 죽음 앞에서의 불안이야말로 가장 근원적이고 본래적인 불안이지요. 죽음 앞에서의 불안이 일깨우는 것은 무엇인가요? 누군가는 인생무상을 느낄 수도 있고, 또 누군가는 죽음 앞에서의 불안을 견디지 못해 자신의 일상 세계 안으로 도피하는 선택을 할 수도 있습니다. 그러나 죽음 앞에서의 불안이 존재론적으로 부정적인 뜻만을 지니는 것은 아닙니다.

일상 세계 안에서 자기를 위해 마음 쓰며 사는 동안 우리는 우리 자신과 실존적 관계를 맺고 있는 모든 인간과 사물을 삶을 위한 도구로 환원해 버리는 경향에 빠지게 됩니다. 하지만 죽음 앞에서의 불안은 우리 자신의 존재가 일상 세계와 본래 아무 연관도 없는 것이라는 점을 드러냄으로써 도구로 한정될 수 없는 존재의 본래적이고도 고유한 의미에 눈을 뜰 가능성을 마련합니다. 이러한 가능성을 실현하려는 결의를 통해서만 우리는 꽃을 장식물이 아닌 한 고유한 존재자인 꽃으로서, 나무를 땔감이나 건축자재가 아닌 한 고유한 존재자인 나무로서, 자신과 동류의 인간들을 실천적 목적을 이루는 데 필요한 수단으로 한정될 수 없는 제각각의 고유한 존재자로서, 이해하고 또 존재하도록 할 힘을 갖게 됩니다.

결국 인간 현존재의 존재의 시간성은 존재의 의미를 도구로 한정 지으려는 경향과 도구로 한정될 수 없는 존재의 근원적이고 본래적인 의미를 회복하려는 경향이 부단히 충돌하는 힘의 장을 가리키는 말인 셈입니다. 현존재에게 시간이란 선형적으로 흘러가는 물리적 상수가 아니라 자신의 실존 그 자체를 구성하는 투쟁의 존재론적 이름입니다. 그런 점에서 불안이란 본래 자기의 존재의 시간적 유한성을 초연히 받아들이라는 일종의 존재론적 요청이기도 한 셈이지요. 오직 이러한 초연함을 통해서만 우리는 도구로 한정될 수 없는 존재의 고유함을 존속하게 할 수 있는 것입니다.

* * *

이야기를 정리해 봅시다.

하이데거는 인간 현존재를 죽음을-향한-존재로 규정합니다. 또한 인간 현존재의 근원적 감정 또한 죽음 앞에서의 불안이라고 밝힙니다. 그런데 인간 현존재는 일상 세계에서 일상적 방식으로 살아가는 존재자이기도 합니다. 하이데거에 따르면, 죽음 앞에서의 불안은 인간 현존재에게 자기가 일상 세계와 근원적으로 아무 연관도 없는 존재자임을 자각하게 합니다. 이 말은 곧 일상적인 자기란 비본래적인 것으로서, 참된 자기일 수 없음을 전제합니다.

일상적 자기의 특징 중 하나는 도구적 자기동일성입니다. 일상 세계에서 삶에 필요한 것을 마련하느라 분주하게 살다 보면 모든 것을, 심지어 자기 자신마저도, 도구로 해석하는 경향에 빠지게 됩니다. 죽음 앞에서의 불안은 도구적 자기동일성이란 근거 없는 것임을 드러내어, 인간 현존재의 삶을 근원적으로 시간적이고 역사적인 것으로서 되찾게 합니다. 이는 곧 실존의 의미의 변화이기도 합니다. 실존이란 본래 그 무엇의 밖에 혹은 곁에 있음을 뜻하는 말인데, 일상적 실존은 도구적 동일성으로 실존의 의미를 퇴색시킵니다. 죽음 앞에서의 불안은 도구적 동일성으로 퇴색된 실존의 의미를 시간적이고 역사적인 것으로서, 서로가 서로에게 생생한 변화를 가능하게 하는 역동적인 것으로서, 되찾게 합니다.

– 한상연

체험과 존재

아이스테시스Aisthesis

존재에 대한 물음에 어떻게 답해야 할까?

하이데거의 철학은 보통 존재론이라고 불립니다. 존재론의 중심은 존재의 의미에 대한 물음에 있습니다. 존재란 무엇을 뜻하는 말일까요? 그 무엇의 '있음'을 뜻하는 말입니다. 존재가 '있음'을 뜻하는 말이라면, 그 의미를 새삼스럽게 물어야 할 이유는 무엇일까요? 정상적인 지력을 지닌 사람이라면 당연히 '있음'의 의미를 알고 있지 않은가요?

그런데 학문이란 원래 사람들이 당연하게 여기는 것의 이유와 근거를 따져 묻는 데서 시작하는 것입니다. 다 익은 사과가 사과나무에서 떨어지는 것은 당연한 일이지요. 하지만 당연한 일을 당연한 일로 여기면 학문적 탐구는 시작될 수 없습니다. 왜 그런지 물어야 합니다. 다 익은 사과는 왜 하늘로 솟구치거나, 나뭇가지에서 떨어져 나와 허공에 둥둥 떠 있는 대신 반드시 땅 위로 떨어지는 것일까요? 잘 알려져 있듯이, 뉴턴은 그 이유를 중력이라는 말로 설명했습니다. 뉴턴이 실제로 사과가 땅에 떨어지는 것을 보고 그 이유에 대해 생각하기 시작했는지는 확실하지 않아요. 그래도 한 가지는 분명합니다. 사물은 왜 무게를 지니고 있는지, 무게를 지닌 사물은 왜 공중에 떠 있지 못하고 반드시 땅 위로 떨어지게 되는지 의문을 품지 않았다면 뉴턴은 결코 중력이라는 관념에 도달하지 못했을 것입니다.

'있음'이란 대체 무엇을 뜻하는 말일까요? 그 무엇이 있다는 것을 우리는 어떻게 알게 될까요? 이러한 물음에 대한 설명은 여러 가지가 있을 수 있습니다. '있음' 역시 말이고, 말은 반드시 뜻을 지니고 있기 마련이기에, '있음'이라는 말의 의미를 이해하고 사용하려면 반드시 지성이 있어야 합니다. 하지만 지성적으로 생각한다고 그 무엇인가가 있게 되는 것은 아니지요. 지성적 생각에 앞서서 우선 우리의 지성이 분명 존재하는 것이라고 알려 주는 그 무엇인가가 미리 주어져 있어야 합니다.

마당 한구석에 붉은 꽃이 피어 있다고 생각해 봅시다. '마당에 붉은 꽃이 피어 있네'라는 생각은 분명 우리에게 지성이 있기 때문에 생기는 것입니다. '마당'도, '붉음'도, '꽃'도 다 뜻을 지닌 말이고, 뜻을 지닌 말을 사용해서 생각하는 것은 분명 지성의 작용이지요. 하지만 마당에 핀 붉은 꽃에 대해 생각할 수 있으려면 실제로 마당과 붉은 꽃이 생각에 앞서 미리 주어져 있어야 합니다. 그렇지 않으면 우리 마음속에는 '마당에 붉은 꽃이 피어 있네'라는 생각이 생기지 않을 것입니다.

이제 이야기를 붉은 꽃에 한정하도록 해 봅시다. 하이데거의 존재론의 중심에 존재의 의미에 대한 물음이 있으니, 꽃에 관해서는 꽃의 존재의 의미를 우선 물어야 하는 셈입니다. 꽃이란 무엇일까요? 꽃의 '있음'은 어떤 뜻을 지닐까요?

언뜻 생각해 보면, 이런 물음은 싱겁고 무의미하게 보입니다. 꽃이 꽃이지 대체 뭐란 말입니까? 눈앞에 꽃이 있으면 그뿐이지, 그 있음의 의미에 대해 생각할 이유가 대체 무엇일까요? 그런데 조금만 깊이 생각해 보면, 이러한 물음에 대해 대답하기가 결코 쉽지 않다는 것을 깨닫게 됩니다. 꽃의 붉음은 감각적인 것인데, 감각적인 것은 감각하는 내가 없으면 생기지 않지요. 그렇다면 마당에 핀 붉은 꽃은 객관적으로 있는 걸까요, 아니면 주관적으로 있는 걸까요?

한 가지 분명한 것은 나는 결코 마당이나 붉은 꽃의 창조자가 아니라는 겁니다. 나는 그저 언제나 이미 주어져 있는 마당 위를 거닐 뿐이고, 어제는 없었던 꽃을 마당에서 뜻밖에 보게 되었을 뿐이지요. 이 '뜻밖에'는 꽃이 생기는 데 내가 아무 작용도 하지 않았음을 드러냅니다. 그러니 마당도 붉은 꽃도 분명 나와 무관하게 객관적으로 주어져 있는 것이어야 합니다. 그런데 또 한 가지 분명한 것은 마당 흙의 갈색, 그 축축함, 꽃의 붉음, 그 싱그러움 등등은 모두 감각적인 것으로서 감각하는 내가 없으면 결코 생길 리 없다는 것입니다. 그러니 나와 무관하게 객관적으로 주어져 있는 모든 것이 실은 나와의 관계 속에서만 생길 수 있는 주관적인 것이라는 난감한 결론을 피하기 어렵습니다. 대체 이 문제를 어떻게 풀어야 할까요?

마당에 붉은 꽃이 피어 있다

『존재와 시간』(1927) 서문에서 하이데거는 고대 그리스 철학에서 진리의 근원적 자리는 바로 "아이스테시스aisthesis"였다고 주장합니다. 이 말은 곧 우리의 이성 혹은 지성 역시 아이스테시스에 근거를 두고 있다는 뜻이기도 합니다. 하이데거에 따르면, 이성 즉 "로고스보다 더 근원적으로 '참'인 것"이 바로 아이스테시스입니다. 지성이 진리라고 알려 주는 것은 모두 근원적으로 아이스테시스로부터 연원한다는 뜻이지요(Martin Heidegger, *Sein und Zeit*, M. Niemeyer, 1927, S. 33).

아이스테시스란 무엇일까요? 순수하게 감각적인 체험과 인지, 혹은 "그 무엇을 순전히 감각적으로 인지하고 받아들임"입니다(*Sein und Zeit*, S. 33). 그렇다면 이러한 의미의 아이스테시스가 왜 로고스보다 근원적인 진리의 자리일까요? 간단히 말해, 하이데거의 주장은 그 무엇에 대한 순수하게 감각적인 체험이 전제되지 않으면 지성은 작용하지 않는다는 뜻입니다. 마당에 핀 붉은 꽃을 먼저 순수하게 감각적으로 보고 인지하지 않으면, 붉은 꽃에 대해, 심지어 그 존재에 대해서마저도, 논의할 수 없습니다. 붉은 꽃에 대해 논하려면, 붉은 꽃이 실제로 있는 것인지 아닌지 따지려면, 붉은 꽃이 먼저 내 눈에 보여야 한다는 뜻이지요.

아마 칸트 철학을 공부해 본 사람이라면, 꽃과도 같은 사물에 대한 체험은 오성의 작용을 전제하는 것이기 때문에 순수하게 감각적인 체험일 수 없다는 식의 이의를 제기할지도 모릅니다. 칸트는 데이비드 흄의 영향으로 원자적인 감각 인상들을 표상 이미지로 종합할 어떤 의식의 기제가 있어야 한다고 여겼지요. 하이데거의 현상학적 관점에서 보면, 이런 식의 전제는 아무 근거도 없는 난센스에 지나지 않습니다. 그냥 눈을 뜨는 순간 우리에게는 거기 피어 있는 붉은 꽃이 곧바로 보입니다. 꽃을 보는 바로 그 순간 내가 마당 위에 서 있음이, 마당이 하늘 아래 있음이, 아무런 시간적 지연도 없이 즉시 인지되지요. 칸트식의 설명은 이러한 구체적 체험의 진실을 추상적 논리를 내세워 왜곡하는 것일 뿐입니다.

칸트의 관점과 하이데거의 관점 중 어느 것이 맞는지 세세히 따지는 것은 매우 복잡한 일입니다. 이 글에서는 그저 하이데거가 말하는 '순수 감각'의 의미가 칸트가 말하는 '순수 감각'의 의미와 다르다는 것만 언급하고 넘어가겠습니다.

하이데거의 존재론을 이해하는 데 중요한 것은 아이스테시스에 대한 하이데거의 설명을 진리론적 관점에서 해석하는 일입니다. 진리란 무엇일까요? 여러 가지 종류의 진리론이 있지만, 통념적 의미의 진리에 가장 잘 어울리는 것은 바로 대응설입니다. 하나의 명제가 참이려면 그 명제에 대응하는 실제 사태가 있어야 한다는 것이 대응설의 출발점이지요.

'마당에 붉은 꽃이 피어 있다'라는 말에 대해 생각해 봅시다. 이 말 역시 분명 하나의 명제입니다. 참이거나 거짓일 수 있는 모든 문장은 다 명제라고 보면 그렇습니다. 대응설의 관점에서 보면, 이 명제가 참이려면 실제로 마당에 붉은 꽃이 피어 있어야 합니다. 언뜻, 너무 당연한 이야기 같습니다. 마당에 붉은 꽃이 아니라 파란 꽃이 피어 있으면, 혹은 꽃이 마당이 아니라 길가에 피어 있으면, '마당에 붉은 꽃이 피어 있다'라는 명제는 분명 거짓입니다. 그렇지 않을까요? 이 당연한 일에 대해 어떻게 의문을 품을 수 있을까요? 하지만 조금만 깊게 생각하면 곧바로 해결하기 어려운 문제가 하나 발견됩니다. 붉은 꽃의 붉음은 분명 감각적인 것입니다. 그런데 감각적인 것이 객관적이고 실재적인 것으로서 존재한다고 말할 수 있을까요?

'불은 뜨겁다'라는 말에 대해 생각해 봅시다. 불은 분명 뜨겁습니다. 하지만 뜨거움은 감각적인 것이고, 그 때문에 감각하는 내가 없으면 생기지 않습니다. 그러니 불이 뜨겁다는 것을 부정할 수는 없지만, 그럼에도 '불은 뜨겁다'라는 명제가 그에 대응하는 객관적이고 실재적인 사태를 지니는지 판단하기는 불가능합니다. 감각적인 것은 감각하는 나와 무관한 것으로서 객관화될 수 있는 것이 아니기 때문입니다.

그 무엇을 순전히 감각적으로 인지하고 받아들임이라는 뜻의 아이스테시스가 로고스 혹은 이성보다 진리의 자리라는 하이데거의 주장은 바로 이러한 문제의식으로부터 비롯된 것입니다.

우리는 사물을 객관적으로 인식하는 것이 아닙니다. 하지만 그렇다고 해서 사물이 어떤 주관적 표상에 불과한 것도 아니지요. 우리는 분명 마당에 핀 꽃을 보는 것이며, 이때 마당도 꽃도 나의 의식 안에 있는 주관적 표상에 지나지 않는 것은 아닙니다. 마당과 꽃은 모두 세계에 속한 것으로 발견되는 것이며, 나는 마당을 거닐고 꽃을 보는 나 자신 역시 세계에 속한 것으로 발견하게 됩니다. 근대 이후 주객 이원론적인 경향을 띠기 시작한 서양의 철학과 학문이 겪는 혼란은 체험을 통해 알려지는 것을 객체적 사물의 세계에 속한 것이거나 아니면 주관적 표상의 세계에 속한 것이거나 둘 중 하나를 선택해야 한다는 거짓 양도논법의 오류에 기인합니다.

하이데거의 관점에서 보면, 한편으로 체험을 통해 알려지는 모든 것은 바로 체험된 것으로서 객체적인 것으로 규정될 수 없어요. 나는 나에게 특유한 지각의 역량 및 이해의 역량에 상응하는 방식으로 생성된 어떤 현상적인 것만을 만날 수 있기 때문입니다. 예를 들어, 붉은 꽃은 객체적인 것이 아니라 붉음을 지각할 수 있는 나의 역량 및 꽃을 아름다운 것으로 이해할 수 있는 역량에 근거를 두고 생성되는 현상적인 것입니다. 그러나 붉은 꽃은 나의 정신에 의해 창조된 주관적이고 표상적인 이미지가 아닙니다. 붉은 꽃은 그 어떤 존재가 나에게 특유한 지각의 역량 및 이해의 역량에 상응하는 방식으로 그 자신을 드러내 보여 줌을 알립니다. 그런 점에서 붉은 꽃의 현상은 나의 인식 주관에 속한 것이 아니라 분명 존재 자체에 속한 것이지요.

나는 나 자신에게 어떻게 알려지는가?

하이데거 연구자들은 대체로 하이데거의 철학이 하이데거의 대표 저술인 『존재와 시간』이 출판된 이후 크게 바뀌었다고 봅니다. 이러한 변화를 보통 '전회Kehre'라고 부르지요. 전회 이후의 하이데거 철학이 『존재와 시간』과 연속적인 관계에 있는 것인지 아니면 오히려 단절적인 관계에 있는 것인지 등은 여전히 열려 있는 문제입니다. 어떤 관점을 취하든 하이데거의 철학을 처음부터 끝까지 일관하는 근본 아이디어가 아주 없다고 보기는 어렵습니다. 예를 들어, 진리란 존재의 탈은폐이기도 하고 은폐이기도 하다는 하이데거 특유의 진리론은 『존재와 시간』에서도 발견되고 '전회' 이후의 하이데거 저술에서도 발견됩니다.

탈은폐란 물론 은폐되었던 것이 드러나게 됨을 뜻하는 말입니다. 진리가 존재의 탈은폐라는 말은 결국 은폐되었던 존재가 드러나게 됨을 가리킨다는 결론이 나옵니다. 은폐되었던 존재가 드러나도록 하는 것은 무엇일까요? 하이데거의 관점에서 보면, 무엇보다도 우선 우리 자신의 존재입니다. 사실 이러한 주장은 평범한 사람들은 알 수 없는 심오한 의미 같은 것은 조금도 가지고 있지 않아요. 세상에 붉은 꽃이 있다는 것을, 지금 마당 한구석에 붉은 꽃이 피어 있다는 것을, 마당도, 꽃도, 꽃을 바라보며 미소 짓고 있는 나도 모두 하나의 세계 안에 있다는 것을, 나는 어떻게 알 수 있을까요? 가장 간단하고 쉬운 대답은 감각 기관인 몸과 지성이 나에게 있기 때문이라는 대답입니다. 하지만 이러한 대답은 충분하지 않지요. 내가 알게 되는 그 모든 것은 내가 자의적으로 창조해 내는 것이 아니라 분명 언제나 이미 세계 안에 있는 것으로서 발견되는 것이고, 나는 실은 자기 자신 역시 세계 안에 있는 존재로만 발견할 뿐입니다.

물론 꽃과 마당이 나와 별개로만 있으면 나는 꽃과 마당이 있음을 알 수 없지요. 그러니 꽃과 마당은 나와의 만남의 사건을 통해 비로소 나에게 특유한 지각의 역량 및 이해의 역량에 상응하는 방식으로 자신을 꽃과 마당으로서 드러낼 수 있게 되는 셈입니다. 물론 이러한 만남의 사건이 가능하려면 나의 존재가 그 만남을 가능하게 하는 근거로서 선행해야 합니다. 간단히 말해, 내가 있어야 그 무엇이든 나와 만날 수 있다는 뜻이지요.

이와 같은 이야기를 들을 때 우리 마음속에 떠오르기 쉬운 생각은 마당과 꽃과 나 자신이 모두 별개로 존재하다가 우연히 만나게 되어 마당과 꽃의 존재가 내게 알려지게 된 것이라는 식의 생각입니다. 하지만 하이데거의 생각에 이보다 더 먼 생각도 별로 없습니다. 마당과 꽃과 나 자신이 모두 별개로 존재한다는 것은 기본적으로 내가 보고 알게 된 그대로의 마당과 꽃과 나 자신이 내가 보고 알게 된 그대로의 세계 안에 있다는 것을 뜻할까요?

그렇게 믿는다면 객체화할 수 없는 것을 객체화하는 오류를 범하는 셈입니다. 꽃도 마당도 심지어 나 자신도, 나는 어떤 논리적 추론과 객관화를 통해 알게 되는 것이 아니라 우선 순전히 감각적으로 보고 인지함, 즉 아이스테시스를 통해 알게 되는 것입니다. 그런데 감각적인 것은 감각하는 나 자신이므로 객관적이거나 객체적인 것일 수 없지요. 간단히 말해, 꽃의 붉음과 마당 땅의 갈색 등은 나에게 특유한 지각의 역량을 반영하는 현상적인 것이지 객체적인 것이 아닙니다.

그렇다면 결국 꽃도 마당도, 심지어 꽃과 마당이 그 안에 있는 세계

마저도 나 자신의 존재에 근거를 두고 알려지는 현상적인 것이라는 결론이 나올 수밖에 없습니다. 심지어 세계조차도 우리에게는 순수하게 객체적인 물리적 사물들의 집합소로 알려지는 것이 아니라 꽃과 마당이, 푸른 하늘과 숲이 있는 곳으로 알려지는 것이기 때문이지요.

이러한 입장은 일종의 유아론일까요? 세계까지 포함해서 모든 것이 나의 존재를 근거로 삼아 알려지는 현상적인 것이라는 주장은 자신의 자아만이 실체적이고 나머지는 모두 부질없는 환영에 불과하다는 식의 뜻을 지니는 말일까요? 이런 의문이 드는 독자는 '나는 나 자신에게 어떻게 알려지는가?'라는 물음을 던져 보기 바랍니다. 내가 발견할 수 있는 나 자신은 고립된 자아 같은 것이 아니라 마당을 거닐고 있는 나, 꽃을 보며 감탄하고 있는 나, 배고픔이나 포만감을 느끼는 나입니다. 내가 알고 있고 또 알 수 있는 나 자신은 이렇듯 고립된 자아로 한정될 수 없는 만남의 사건을 통해 생성된 존재이고, 바로 그 때문에 꽃과 마당의 드러남을 가능하게 하는 나의 존재는 내가 알고 있고 또 알 수 있는 나 자신보다 근원적인 그 무엇을 가리킬 수밖에 없지요.

간단히 말해, '나의 존재'의 핵심은 '나'가 아니라 '존재'입니다. 아마 이 존재의 의미를 밝히는 것이야말로 가장 근본적이고도 가장 어려운 철학적 과제라고 할 수 있을 것입니다. 이러한 과제를 해결해 나가려면 무엇보다도 우선 존재란 객체적인 것도 주체적인 것도 아니라는 것을 분명히 해야 합니다. 하이데거의 관점에서 보면, 주객 이원론의 한계를 근원적으로 넘어서는 존재의 의미가 드러나도록 하는 그 시원적인 단초는 바로 아이스테시스입니다.

✳ ✳ ✳

이야기를 정리해 봅시다.

『존재와 시간』의 서문에서 하이데거는 고대 그리스 철학에서 진리의 근원적 자리는 바로 아이스테시스였다고 주장합니다. 아이스테시스란 그 무엇을 순전히 감각적으로 인지하고 받아들임을 뜻합니다. 간단히 말해, 우리가 살면서 만날 수 있는 것은 다 감각 기관인 몸의 작용을 통해 드러나는 현상적인 것이라, 현상 그 자체에서 출발하지 않으면 진리 문제를 해결할 수 없다는 것입니다. 하이데거의 주장은 자칫 하이데거의 존재론이나 현상학이 일종의 유아론이라는 오해를 불러일으킬 수 있습니다. 하지만 감각하고 인지하는 나만 존재하고, 그 밖의 모든 것은 실재하지 않는다는 식의 생각은 하이데거의 존재론뿐 아니라 현상학과도 거리가 멉니다.

하이데거에게 인간 현존재의 자기는 독립적으로 존재하는 것이 아닙니다. 내가 지금 감각적으로 발견하고 인지하는 꽃이 실은 나의 자기를 일깨운 존재자입니다. 불교의 연기론에서 자아란 자기 아닌 그 무엇과의 관계 속에서만 존재하는 것이듯이, 하이데거 존재론의 인간 현존재 또한 자기 아닌 그 무엇과의 관계 속에서만 존재합니다. 바로 이것이 인간 현존재의 존재 방식을 하이데거가 실존이라 부르는 이유입니다. 실존이란 그 무엇의 곁에-있음 또는 밖에-있음의 뜻입니다. 결국 아이스테시스는 하이데거의 존재론에서 전통 철학적 주체 개념이나 객체 개념이 모두 무근거한 것임을 드러내도록 하는 그 핵심 개념인 셈입니다.

- 한상연

김동훈

서울대학교 법학대학, 총신대학교 신학대학원, 서울대학교 미학과를 거쳐 독일 브레멘대학교 철학과에서 박사 학위를 받았다. 귀국 후 서울대학교, 한국예술종합학교, 홍익대학교 미학과 대학원 등에서 철학, 미학 관련 강의를 해 왔다. 저서로는『행복한 시지푸스의 사색: 하이데거 존재론과 예술철학』, 역서로는 바움가르텐의『미학』, 버크의『숭고와 아름다움의 관념의 기원에 대한 철학적 탐구』, 흄의『취미의 기준에 대하여/비극에 대하여 외』,『독일 음악미학』(공역) 등이 있다.

박일태

한라대학교 운곡프론티어교양대학 교수, 한국하이데거학회 기획이사. 프랑크푸르트대학교 철학과에서 박사 학위를 받았다. 주요 논문으로는「현존재의 자기근거로서 세계와 타인」,「현존재의 '존재해야 함'에 대하여:《존재와 시간》에서 '일상적인 본래성'의 가능성」,「현사실적인 삶의 형이상학」등이 있다.

서동은

경희대학교 후마니타스칼리지 교수, 한국하이데거학회 회장. 독일 도르트문트대학교 인문학과 철학과에서 박사 학위를 받았다. 주요 저작으로『계몽의 시대』,『곡해된 애덤 스미스의 자유 경제』,『하이데거와 가다머의 예술 이해』등이 있다.

설 민

성균관대학교 철학과 교수, 한국하이데거학회 학술이사. 서울대학교 영어영문학과를 졸업하고 동 대학원 철학과에서 석사 학위를, 독일 부퍼탈대학교 철학과에서 박사 학위를 받았다. 주요 저작으로『하이데거의《칸트와 형이상학의 문제》읽기』,『알래스데어 매킨타이어』,『푸코와 철학자들』(공저),『철학, 이해하다』등이 있다.

이관표

한세대학교 교양학부/자유전공학부 교수, 한국하이데거학회와 한국해석학회(현대유럽철학회) 통합편집이사. 연세대학교 신학과와 철학과에서 학사와 석사 학위를, 장로회신학대학교에서 교역학 석사 학위를 받았다. 그 이후 연세대학교 대학원 신학과에서 조직신학 전공으로 신학 박사 학위를, 독일 드레스덴대학교 철학과에서 실천철학/윤리학 전공으로 철학 박사 학위를 받았다. 주요 저작으로『현대의 철학적 신학』, 『하이데거와 부정성의 신학』,『신학과 과학의 만남』(전 3권, 공저) 등이 있다.

조홍준

동아대학교 철학생명의료윤리학과 교수, 한국하이데거학회 대외협력이사. 프라이부르크대학교 철학과에서 박사 학위를 받았다. 주요 저작 및 연구 논문으로「죽음 문제와 하이데거」,「하이데거 예술론에서 시간의 의미」,「시간은 어떻게 공간이 되는가?」,「하이데거《존재와 시간》은 윤리학인가?」등이 있다.

한상연

가천대학교 리버럴아츠칼리지 교수. 독일 보쿰대학교에서 하이데거와 슐라이어마허에 관한 논문으로 철학 박사 학위를 받았다. 한국하이데거학회 및 한국현대유럽학회에서 편집이사와 학회장을 역임했다. 주요 저작으로는『시간과 윤리』,『공감의 존재론』,『문학과 살/몸 존재론』,『그림으로 보는 하이데거』,『그림으로 보는 니체』,『현대문화의 근본 관점들』,『현대미술의 근본 관점들』,『철학을 삼킨 예술』,『기쁨과 긍정의 종교』,『우리는 모두 예술가다』등이 있다.